FOURTH EDITION

Voilà!

AN INTRODUCTION TO FRENCH

Cahier d'activités orales

L. Kathy Heilenman
University of Iowa

Isabelle Kaplan
Bennington College

Claude Toussaint Tournier
Northwestern University

THOMSON

HEINLE

Australia ◆ Canada ◆ Mexico ◆ Singapore ◆ Spain ◆ United Kingdom ◆ United States

Voilà!
Fourth Edition
Cahier d'activités orales
Heilenman/Kaplan/Toussaint Tournier

Publisher: Wendy Nelson
Marketing Manager: Jill Garrett
Senior Production & Developmental Editor Supervisor: Esther Marshall
Developmental Editor: Tom Pauken
Associate Marketing Manager: Kristen Murphy-LoJacono
Senior Manufacturing Coordinator: Mary Beth Hennebury
Composition: Greg Johnson/Art Directions
Project Management: Anita Raducanu
Cover Design: Sue Gerould, Perspectives
Printer: Mazer Corp.

Credits

p. 32   Document SNCF
p. 103   Document SNCF
p. 110   Copyright: Société du Tour de France

Printed in the United States of America
2 3 4 5 6 7 8 9 10   05 04 03 02

For more information contact Heinle, 20 Park Plaza, Boston, MA 02116 USA,
or you can visit our Internet site at http://www.heinle.com

For permission to use material from this text or product contact us:
Tel   1-800-730-2214
Fax   1-800-730-2215
Web   **www.thomsonrights.com**

ISBN: 0-8384-1320-X

Table des matières

Preface

The **Cahier d'activités orales** laboratory manual for *Voilà!* contains pronunciation practice, focused listening activities, practice with the vocabulary and structures for each lesson, and contextualized listening-for-gist activities.

Organization. Each lesson is divided into four sections.

- *Les sons du français.* This section deals with the sound system of French. Sound discrimination and production activities help students improve their pronunciation. These activities are not tied to specific vocabulary or structure and can be done independently.

- *Les sons et les mots.* Listening comprehension activities are integrated with speaking activities dealing with the vocabulary of each lesson.

- *Les mots et les phrases.* Students are encouraged to work with the structure of each lesson through motivating activities that are within student capabilities.

- *À l'écoute de...* Global listening comprehension activities based on the vocabulary and structure of each lesson help students to learn how to listen to authentic French.

To the Student: Suggestions for Use

- *Les sons du français.* Read the explanations before listening to the CD. If you are being asked to discriminate between two sounds, listen first to see if you can hear any difference. Then, listen a second time. Try to decide which sound you're hearing. Finally, reread your answers; then listen one more time. If you are being asked to repeat certain sounds, try following the same procedure. Listen first without repeating. Then, try repeating after the speaker. Finally, listen a third time repeating each sound to yourself.

- *Les sons et les mots.* Try to do these in order. You will find that by doing the listening comprehension activities you will be better able to do the following speaking activity. Again, listen more than once. First, listen to get the gist of what you're going to be doing. Listen to the answers suggested by the speaker but feel free to answer for yourself! Now, listen and try to do what the activity asks for. In many cases, you won't be able to understand every word. That's normal. You should, however, be able to understand enough to do the activity. Don't worry if you can't do every item the first time through. If you're having trouble, listen and try again. Listen one final time to make sure that you've understood.

    If the CDs seem too fast, don't get frustrated! Listen to activities more than once or twice. Stop the CD player and think a minute if you need to before you give an answer. And, from time to time, go back and listen to an activity from an earlier lesson. Hopefully, you'll see that you really have been making progress!

- *Les mots et les phrases.* Work through the activities in this section as you did in the previous one. Remember that the answers given by the speakers may be longer and more complex than the ones you give. That's fine—they're native speakers and you're just learning. But listen to what they say, compare your answers to theirs, and try to say more than the bare minimum.

- ***À l'écoute de...*** Don't try to understand every word! The French you're going to hear in this part is normal—that is, the kind of French you could expect to hear in Montréal or Paris or Dakar. Look at what you have to do. What kinds of things do you think you'll need to listen for to do this? Listen one or two times to get a general impression of what's being said. Don't try to write anything down now. Listen again. What words do you recognize? Can you tell the voices apart? Think again about the information you need. Do you have any ideas about it? Write down what you think you know. Listen another time to try to confirm your hypotheses or fill in more information. If your instructor doesn't object, do these activities with one or two friends. Combine your information and help each other out!

Cahier d'activités orales

Qui êtes-vous?

Les sons du français

A. Écoutez bien! Vowel sounds in French are short and crisp, without the glide (diphthong) that can be heard in English words such as *kite, wait, float,* or *boat.* Listen to the speaker and decide whether each sound represents a letter of the French alphabet or an English word. Circle the appropriate item. Begin when you hear the word **commencez** *(begin).*

YOU HEAR: p
YOU CIRCLE: (p)   pay
          because you heard the French letter **p** with no diphthong.

1.	b	bay	**3.**	g	jay	**5.**	o	oh
2.	c	say	**4.**	j	gee	**6.**	q	cue

B. Prononcez bien. The /i/ sound in the last syllable of the days of the week in French resembles the double-**e** sound in the English word *sheep.* To pronounce it, spread your lips as in an exaggerated smile. Your teeth should be slightly uncovered, and the tip of your tongue should be behind your bottom teeth. Try to produce a clear, crisp /i/ sound as you repeat each word after the speaker.

YOU HEAR: lundi
YOU SAY: lundi

1.	lundi		**3.**	mercredi		**5.**	vendredi	**7.** dimanche
2.	mardi		**4.**	jeudi		**6.**	samedi	

C. L'alphabet français. Knowing how to say the letters of the alphabet in French can be useful when you need to spell names or words you don't know. Listen and repeat as the CD gives you the letters of the alphabet along with French names that may be used to specify exactly which letter is being said. Keep the French sounds as clear and well articulated as possible. The names you will hear on the CD are given below.

YOU HEAR: **A**
YOU SAY: **A**
YOU HEAR: **A** comme Adèle
YOU SAY: **A** comme Adèle

A	/	Adèle	J	/	Jacques	S	/	Simone
B	/	Béatrice	K	/	Karl	T	/	Thomas
C	/	Caroline	L	/	Liliane	U	/	Ursule
D	/	Denise	M	/	Marie	V	/	Victor
E	/	Eugène	N	/	Noémie	W	/	William
F	/	Frank	O	/	Odette	X	/	Xavier
G	/	Georges	P	/	Pierre	Y	/	Yves
H	/	Hector	Q	/	Quentin	Z	/	Zoé
I	/	Isidore	R	/	Robert			

D. Trouvez les noms des invités. You are going to hear a list of French names. Only some of these people have been invited to this party and their names are on the CD. Identify them on your list by circling the names you hear on the CD.

1. Chantair
   Chantal
   Chantoul

2. Martinet
   Martinez
   Martinin

3. Grenier
   Granier
   Grenin

4. Pommard
   Paumain
   Poulard

E. Épelez. Spell each name in French. Then listen to the speaker on the CD.

YOU HEAR: Marc
YOU SAY: Marc / M-A-R-C / Marc
YOU HEAR: Marc / M-A-R-C / Marc

1. Abder

2. Jacques

3. Gilles

4. Fatima

5. Suzanne

6. Yves

F. Question ou affirmation? You can ask a question in spoken French by raising your voice at the end. This is called a rising intonation. As you listen to each sentence, circle **Q** if you hear a question; circle **A** if you hear an affirmative sentence (not a question).

YOU HEAR: Tu parles français?
YOU CIRCLE: **Q** for *question* because you heard a rising intonation.

1. Q   A

2. Q   A

3. Q   A

4. Q   A

5. Q   A

6. Q   A

*L*es sons et les mots

A. Jours, mois ou saisons? Identify the category of each list of words by writing *days*, *months*, or *seasons* in the blank.

YOU HEAR: lundi, mardi, mercredi
YOU WRITE: days

1. _____

2. _____

3. _____

4. _____

B. Continuez. Give the next item in each list. It may be a day of the week, a month of the year, or a season. Then listen to the speaker to check your response.

YOU HEAR: mars, avril, mai,…
YOU SAY: juin
YOU CHECK: mars, avril, mai, juin

1. …

2. …

3. …

4. …

5. …

6. …

C. Il y en a combien? Listen as the speaker tells you how many of various objects there are. Write the numbers in the blanks.

YOU HEAR: trois professeurs
YOU WRITE: _3_ professeurs

1. _____ chiens   **3.** _____ livres   **5.** _____ poissons

2. _____ étudiants   **4.** _____ stylos   **6.** _____ cahiers

D. Ça fait combien? Listen as Mrs. Martini, a neighborhood grocer, calculates how much each of her customers owes her, and fill in the blanks with the numbers.

1. Alors, 5 kg de bananes, ça fait _____ euros, s'il vous plaît.

2. Et pour vous, Madame, 2 kg de bananes et 5 kg de carottes, _____ euros, s'il vous plaît.

3. 3 douzaines d'œufs, _____ euros et 4 baguettes, _____ euros. Alors, c'est _____ euros, s'il vous plaît.

4. Bon, 4 boîtes de macaroni et 2 paquets de sucre, ça fait _____ euros, Monsieur.

5. Alors voilà, 2 litres de vin et un paquet de sucre, c'est _____ euros, Madame.

6. Bon, 4 bouteilles d'Évian, ça fait _____ euros et 2 baguettes, _____ euros. Alors, ça fait _____ euros, s'il vous plaît.

7. 1 litre de vin et 3 bouteilles d'Évian, c'est _____ euros, Monsieur. Voilà!

E. Quelle est la date? Say each date aloud. Then listen and repeat after the speaker.

1. le 20 décembre   **3.** le 15 avril

2. le 2 septembre   **4.** le 6 février

F. Au téléphone. You answer the phone in France by saying hello and giving your phone number (**Allô? Ici le 05.21.22.23.16**). Now, listen as people answer their phones. Below are the numbers that were dialed. Decide if the numbers were dialed correctly (**oui**) or incorrectly (**non**). Correct any errors you hear if you can.

1. 01.39.18.21.29 _____

2. 02.35.26.03.38 _____

3. 02.38.22.33.15 _____

4. 02.22.30.17.12 _____

G. Allô, allô! It is important to pronounce numbers as clearly as possible, especially phone numbers. Ask the switchboard for each of the following numbers. Then listen to the speaker to check your response.

1. Allô, le 01.39.23.36.12, s'il vous plaît.

2. Allô, le 02.35.31.11.27, s'il vous plaît.

3. Allô, le 02.22.13.15.04, s'il vous plaît.

4. Allô, le 03.19.18.21.33, s'il vous plaît.

*L*es mots et les phrases

A. Singulier ou pluriel. Listen to the article and decide if each noun is singular (**S**) or plural (**P**). Circle your answer.

YOU HEAR: les livres
YOU CIRCLE: **P** for **pluriel** because you hear the plural article **les.**

1. S   P

2. S   P

3. S   P

4. S   P

5. S   P

6. S   P

B. Mettez au pluriel. Make each noun plural. Remember not to sound the final **s** of the plural form.

YOU HEAR: le jour
YOU SAY: les jours
YOU CHECK: les jours

1. le chien

2. le professeur

3. le livre

4. l'étudiant

5. l'affiche

C. Masculin ou féminin? Listen to the article that precedes each word and decide if the word is masculine (**M**) or feminine (**F**). Circle your answer.

YOU HEAR: le chien
YOU CIRCLE: **M** for **masculin** because you heard the masculine article **le.**

1. M   F

2. M   F

3. M   F

4. M   F

5. M   F

6. M   F

D. Et l'article? Repeat each noun you hear with the appropriate article, **le, la,** or **l'.**

YOU HEAR: chien
YOU SAY: le chien
YOU CHECK: le chien

1. fleur   **2.** étudiante   **3.** stylo   **4.** chat

À l'écoute de...

In this section you will listen to French people talking to each other about various topics. You are not expected to understand every word because here, just as in real life, people will use words you haven't studied yet. Instead, try to get the gist of the conversation and to find the specific information asked for in each activity.

A. Qui est-ce? Listen to each greeting and decide if a man or a woman is being addressed. Circle **M** for man or **W** for woman.

YOU HEAR: Au revoir, Mademoiselle.
YOU CIRCLE: **W** because **Mademoiselle** refers to a woman.

1. M   W   **3.** M   W   **5.** M   W

2. M   W   **4.** M   W   **6.** M   W

B. Qui parle? You will hear four brief dialogues. In the blank, write the number of the dialogue that goes best with each picture.

C. Les saisons. Listen to the short dialogue and decide which season they are talking about. Circle your answer.

l'hiver   le printemps   l'été   l'automne

D. La date aujourd'hui? Jean-Michel is writing a letter, but he isn't sure of the date. Listen and circle the date he put on the letter after talking to his wife Élise.

lundi 6 avril   mardi 6 avril   lundi 8 avril   mardi 8 avril

E. Quelle carte pour Évelyne? Listen to the conversation and circle the card that you think Michèle is going to buy for her friend Évelyne.

F. Inventaire de la classe de français à Laval. The secretary in the registrar's office at Université Laval in Quebec City is organizing the class rosters for the first day of class. First listen as the speaker reads the names of the cities where the students come from: Chicago, Liverpool, Montréal, Rome, San Francisco, Toronto, Vancouver. Then, fill in the chart to calculate how many students of each nationality will be enrolled this term.

Étudiants américains	_____ + _____ = _____
Étudiants canadiens	_____ + _____ + _____ = _____
Étudiants anglais	_____
Étudiants italiens	_____

G. Quelle salle de classe? The secretary is now organizing classrooms for the first day of class. Listen and fill in the chart. You may have to listen twice.

Professeur	Combien d'étudiants?	Numéro de la salle de classe
M. Larivière		
Mme Lavallée		
Mlle Planchon		
M. Casimir		

Comment êtes-vous?

Les sons du français

A. La voyelle /e/. French /e/ is a clear, brief vowel sound that resembles the vowel sound in English words such as *may* or *pay*. However, there is no glide or diphthong in the French vowel. Here are some words you already know that contain the vowel sound /e/. Listen and repeat.

1. étudiant	**3.** américain	**5.** vous aimez
2. les cahiers	**4.** Émile	**6.** détester

B. La voyelle /i/. You have already practiced the pronunciation of the vowel /i/ in Lesson 1 (**lundi, mardi**). This French vowel sound resembles the **i**-sound in the English word *police*, but without the diphthong. Here are some words you already know that contain the vowel sound /i/. Listen and repeat.

1. merci	**3.** égoïste	**5.** petite
2. Michel	**4.** qui	**6.** Candide

C. Une comptine. Here is a counting-out rhyme that French children use. (The word **nez** means *nose*. The last line is a play on words: **10 nez** = **dîner** or *dinner*). Listen to it until you have the rhythm. Then try to say it along with the speaker.

1 nez, 2 nez, 3 nez, 4 nez, 5 nez, 6 nez, 7 nez, 8 nez, 9 nez, 10 nez!

Les sons et les mots

The feminine form of adjectives is presented on pages 38–40 of your textbook. You may want to review those pages before doing these activities.

A. Portraits. As you listen to the following descriptions, put a check next to each category that is referred to. Indicate also if each person is female (**F**) or male (**M**).

	Jacques	Paolo	Marie	Anne	Claude	Luc
hair						
size						
nationality						
personality						
male/female						

B. Quelle nationalité? Listen to each conversation and circle the nationality you hear.

1. américain   français   3. américain   français

2. américaine   canadienne   4. américaine   française

C. De quoi parle-t-on? *(What are they talking about?)* Match the subject of each conversation fragment to the corresponding picture by writing in the number.

a. _____

b. _____

c. _____

d. _____

e. _____

f. _____

D. Vous aimez? Now, for each picture in Exercise C, say whether you like it, don't like it, or hate it. The numbers you will hear refer to the correct number for each picture based on the correct answers to Exercise C. After a pause for your answer, you will hear one possible answer, which may or may not correspond to what you said.

1. …   3. …   5. …

2. …   4. …   6. …

E. Comparons. Decide if each conversation is comparing someone to someone else (**oui**) or not (**non**). Circle your answer.

1. oui   non   3. oui   non   5. oui   non

2. oui   non   4. oui   non   6. oui   non

F. Comparez. Julien and Guillaume are two very different French students. Compare Guillaume to Julien, using **plus** or **moins** and the information given. After a pause, you will hear one possible answer.

1. Julien est très intelligent. Et Guillaume?
   Guillaume…

2. Julien est timide et pas très sociable. Et Guillaume? Il n'est pas du tout timide, lui!
   Guillaume…

3. Julien n'est pas très travailleur, mais Guillaume…
   Guillaume…

4. Julien est très sportif. Guillaume, lui, n'est pas sportif du tout!
   Guillaume…

Les mots et les phrases

A. Daniel ou Danielle? As you listen to each sentence, decide if the speaker is talking about **Daniel** (a young man) or **Danielle** (a young woman). Circle your response.

1. Daniel   Danielle   4. Daniel   Danielle

2. Daniel   Danielle   5. Daniel   Danielle

3. Daniel   Danielle   6. Daniel   Danielle

B. Décrivez les jumeaux. **Michel** and **Michèle** are twins. Use the information given to tell what they are like.

YOU HEAR AND SEE: Michel / intelligent
YOU SAY: Michel est intelligent.
YOU CHECK: Michel est intelligent.

1. Michèle / travailleur   4. Michel / mince

2. Michèle / sociable   5. Michèle / gros

3. Michèle / sérieux   6. Michel / sympathique

C. Oui ou non? As you listen to each sentence, indicate if it is an affirmative (**A**) or a negative (**N**) sentence. Circle your answer.

1. A   N   3. A   N   5. A   N

2. A   N   4. A   N   6. A   N

D. Laurence et Line. Line is not at all like her friend Laurence. Say this, using the suggestions given.

YOU HEAR AND SEE: Laurence est grande.
YOU SAY: Line n'est pas grande.
YOU CHECK: Line n'est pas grande.

1. Laurence est brune.

2. Laurence est mince.

3. Laurence est généreuse.

4. Laurence est naïve.

5. Laurence est sportive.

E. Un, deux, trois, quatre… Listen to the conversation. How many times do you hear a form of the verb **être** used? Listen again. How many times do you hear a form of the verb **aimer** used?

être _____

aimer _____

F. À votre tour! Answer the questions according to what you are like. Use either the feminine or the masculine form of the adjective where appropriate.

YOU HEAR: Tu es bête ou tu es intelligent?
YOU ANSWER: Je suis intelligent(e).

1. …   3. …   5. …   7. …

2. …   4. …   6. …   8. …

À l'écoute de…

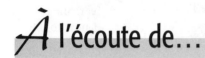

A. Lequel des deux? Laquelle des deux? You are going to overhear some conversations. Draw lines to match the subject of each conversation to its number.

conversation 1   someone sick

conversation 2   someone who does not do sports

conversation 3   someone tall and blond

conversation 4   someone shy

B. Tu l'aimes, toi? Decide if the people discussed in each conversation are liked (**oui**) or not liked (**non**) by the people talking. Circle your answer.

1. oui   non   3. oui   non

2. oui   non   4. oui   non

C. Mes copines de l'université. Muriel is talking to her sister about her three roommates at school (**Françoise, Nancy, and Christine**). Listen to what she has to say and label each picture. Then, listen again and complete the chart with as many details as you can.

_____   _____   _____

	size	nationality	personality, likes or dislikes
Françoise		belge	
Nancy			
Christine		✕	

D. Voilà Nathalie. Nathalie is a newly arrived exchange student from Canada. Take notes as you hear her being described by her friends.

appearance: _____

likes: _____

personality: _____

E. Nathalie cherche une camarade de chambre. Nathalie is looking for a roommate for the year. She is talking to herself as she reads ads for roommates. (Read the ads first, then listen to the CD.) Put a **1** next to the ad she reads first, a **2** next to the one she reads second, and so on.

_____ Française, étudiante en biologie.
Travailleuse, mais aime les fêtes,
le rock, les étudiants en médecine, etc.
Sociable, amusante.

_____ Étudiant belge, un peu timide, généreux
et intelligent. Étudiant en mathématiques.

_____ Jeune fille canadienne, travailleuse et intelligente,
très généreuse et raisonnable,
aime philosophie, art moderne, déteste rock.

_____ Étudiant parisien, timide et déprimé, grand et
beau, malheureux et bizarre. Aime jazz et rock.
Déteste fêtes, étudiants sportifs et étudiants sociables.

F. Nathalie choisit. Listen to Nathalie one more time as she goes through the ads. Which ad will she answer for a roommate? for a date? Justify your answer.

For a roommate _____

_____

_____

For a date _____

_____

_____

LEÇON 3 — *Comment est votre chambre?*

*L*es sons du français

A. La voyelle /u/. The French /u/ sound in words such as **vous** or **bonjour** resembles the English **u**-sound in words like *boot* or *too*, but it is not identical to it. To pronounce the French /u/ sound, keep your tongue firmly behind your lower teeth, and purse your lips as if you were going to blow out a candle. Be careful not to glide the vowel sound and produce a diphthong. Here are some words you have already learned that contain the sound /u/. Listen and repeat.

1. v<u>ou</u>s

2. un c<u>ou</u>rs

3. pas du t<u>ou</u>t

4. a<u>oû</u>t

5. à t<u>ou</u>t à l'heure

6. <u>Où</u> êtes-v<u>ou</u>s?

7. V<u>ou</u>s aimez?

B. L'intonation. You have already learned that you can make a sentence into a question by raising your voice (**Ça va? Oui, ça va, et toi?**). Now you are going to learn the intonation pattern used in affirmative statements in French. In these kinds of statements your voice should begin at a relatively high pitch and fall as it reaches the end. Listen.

    ↗
—Tu es fatigué?

    ↗
—Oui, et toi?

    ↘ ↗ ↘
—Oui, moi aussi.

Longer statements will tend to have one or more rising-falling intonation patterns with a final falling intonation on the last word in an affirmative statement and a final rising intonation in a question. Listen.

    ↗   ↘   ↗
—Il y a une machine à écrire?

       ↗   ↘
—Oui, elle est dans la chambre.

Now, listen to the dialogue. Use an arrow pointing up (↗) to indicate the ends of sentences that have a rising intonation. Use an arrow pointing down (↘) to indicate the ends of sentences that have a falling intonation. The first two lines have already been done for you.

                           ↗

—Et tu aimes la chambre?

               ↘

—Oh oui, beaucoup.

—Ah, tu es heureuse, alors?

—Oui, très.

—Elle est grande, la chambre?

—Non, mais elle est claire et confortable.

—Il y a un bureau?

—Oui, avec une chaise et une lampe. Et il y a un fauteuil, un placard, un lavabo, des rideaux…

—De quelle couleur ils sont, les rideaux?

—Rouges, et les murs sont blancs. J'aime bien.

—Il n'y a pas de télévision, n'est-ce pas?

—Heu…, non, mais j'ai une chaîne hi-fi et des disques.

—Oui, ça, ça va! Mais la télévision, hein, ça, je n'aime pas!

—Oui, je sais…

C. Français/anglais.
Words that are similar in English and French may be difficult to pronounce. In French, word stress falls on the last syllable of the word. This may or may not be the case in English. Compare the pronunciation of the word *weekend* in English (stress on the first syllable) and **week-end** in French (stress on the last syllable). Listen and repeat.

1. un restaurant
2. le week-end
3. un gadget
4. le football
5. un poster
6. le chewing-gum

D. Mots nouveaux.
Listen and underline the word or phrase that is said. Then repeat the word or phrase you heard and listen for it one more time.

1. un miroir   une armoire
2. un fauteuil   un réveil
3. une étagère   une fenêtre
4. Mets la chaîne hi-fi.   J'ai une belle radio.
5. Ouvre le tiroir.   Ouvre l'armoire.

E. Ne pas confondre: sur / sous. Listen carefully to find out where things are. Try to hear the difference between **sur** /syr/ and **sous** /su/ by listening to the vowel sounds. Circle your answer.

1.	sur	sous		**3.**	sur	sous
2.	sur	sous		**4.**	sur	sous

F. Une comptine. Here is another French counting-out rhyme. Listen and underline all the /u/ sounds you hear.

La tour Eiffel

A trois cents mètres.

Pour y monter

Il faut payer

Tous les millions

Qu'elle a coûtés.

$\mathcal{L}$es sons et les mots

A. Inventaire. As you listen to each sentence, decide which picture it refers to and write the number of the sentence below it.

_____   _____   _____   _____   _____   _____

B. Qu'est-ce que c'est? Now, look at each picture in Exercise A and say what it is. Here is how to do the first one.

YOU HEAR: Qu'est-ce que c'est le numéro 1?
YOU SAY: C'est une étagère.
YOU CHECK: Oui, c'est une étagère.

1.	…	**3.**	…	**5.**	…
2.	…	**4.**	…	**6.**	…

C. Les objets parlent. You are going to hear six noises. Write the number of the first noise you hear next to the object you associate with it. Do the same with the rest of the noises.

_____ une porte   _____ un réveil   _____ un lavabo

_____ un téléphone   _____ une machine à écrire _____ une clé

D. Qu'est-ce que c'est que ça? Now, identify what object is making each noise by saying its name. Check your answer with the one on the CD.

1. ...   3. ...   5. ...

2. ...   4. ...   6. ...

E. La vie en rose? Decide whether each brief description you hear is about something **agréable** or something **désagréable.** Circle your answers. Do your answers agree with those on the CD?

1. agréable   désagréable   4. agréable   désagréable

2. agréable   désagréable   5. agréable   désagréable

3. agréable   désagréable   6. agréable   désagréable

F. Les couleurs. You will hear six sentences. As you listen, decide which picture each sentence corresponds to. Write the number of the sentence below each picture.

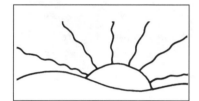

_____

_____

_____

_____

_____

_____

ℒes mots et les phrases

A. Quel article? Listen and fill in the missing articles.

1. Candide adore _____ chiens.   4. Où est _____ livre?

2. Il n'y a pas _____ lit!?   5. Alceste n'aime pas _____ chiens.

3. Marc est _____ étudiant sérieux.   6. C'est _____ cahier.

B. Au contraire! Alceste is reporting to Candide about a not-too-well-equipped vacation cottage they were thinking of renting. Play the role of Alceste.

YOU HEAR CANDIDE ASK: Il y a un placard?
YOU (PLAYING THE ROLE OF ALCESTE) SAY: Non, non, il n'y a pas de placard!
YOU LISTEN TO CANDIDE'S REACTION: Il n'y a pas de placard!

1. Il y a un téléphone?   4. Il y a une télévision?
2. Il y a une chaîne hi-fi?   5. Il y a une radio?
3. Il y a des lavabos dans les chambres?   6. Il y a des armoires?

C. Avoir ou être?
Listen to each sentence. If you hear a form of the verb **être,** circle **être.** If you hear a form of the verb **avoir,** circle **avoir.**

1.	avoir	être	3.	avoir	être	5.	avoir	être
2.	avoir	être	4.	avoir	être	6.	avoir	être

D. Les possessions.
Say or ask what each person owns. Then check your answer with the one on the CD.

YOU SEE AND HEAR: Valérie / des disques de rock
YOU SAY: Valérie a des disques de rock.
YOU LISTEN AND CHECK: Valérie a des disques de rock.

1. Éric / un chat noir   4. Jean-Luc et Claudine / une machine à écrire
2. Nous / un répondeur   5. Vous / un ordinateur?
3. Tu / un réveil?   6. Je / un téléphone blanc

E. Mais on n'a pas…
Now say or ask what these same people do not have. Check your answer with the one on the CD.

1. Éric / de chien   4. Jean-Luc et Claudine / d'ordinateur
2. Nous / de téléphone portable   5. Vous / de crayon rouge
3. Tu / de radio?   6. Je / de télévision

À l'écoute de…

A. C'est normal ou c'est bizarre?
M. and Mme Durand are in charge of cleaning students' rooms at the end of each term. They're talking about what they found in various rooms as they made their rounds this morning. Listen and complete the chart. You may have to listen more than once to get all the details.

numéro de la chambre	objets
30	
	0 lits
	2 lits et
19	3 télévisions et
	dans la corbeille à papier, il y a

B. Dans une chambre d'étudiant. Since there were some thefts last year, M. and Mme Durand have decided to develop a room contents checklist for students to fill out before they leave for vacation. Listen and write in the missing words on their lists.

La liste de M. Durand

Alors, il y a… deux _____ , deux tables de nuit, un _____ , des

rideaux, _____ commodes, un fauteuil, _____ réveil,

_____ affiches, des _____ , une machine à écrire, un ordinateur, une

calculatrice et…

La liste de Mme Durand

Oui, et il y a aussi… des _____ , _____ chaises, un réfrigérateur,

un radio-réveil, une _____ , une télévision, un téléphone, _____

corbeille à papier, des _____ , une lampe, un miroir, deux _____ et…

C. Quelle chambre? Marc is looking for a room to rent. (Read these ads first.) Listen and put a **1** next to the ad he reads first, a **2** next to the one he reads second, and a **3** next to the one he reads last.

_____
> **À louer: chambre formidable: grande et claire.**
> **3 fenêtres, près université, bibliothèque, etc.**
> **Animaux et cigarettes interdits. Prix: 400 € par**
> **mois. Téléphone et télévision.**

_____
> Petite chambre, chaude et confortable,
> indépendante, s'adresser Mme Durand,
> 15 rue de l'École de Médecine tous les
> jours sauf dimanche.

_____
> **Grande chambre pour 3–4 étudiantes, équipée**
> **téléphone, télévision, lavabo. 2 lits individuels,**
> **1 lit double, plus grand placard. 500 € par mois.**
> **Animaux, télévision possibles. Musique rock**
> **interdite. Près station métro pour centre Paris.**

D. Quelle chambre pour Marc? Listen to a brief description of Marc, then look at the ads again. Circle the room Marc will probably rent.

la chambre 1   la chambre 2   la chambre 3

LEÇON 4 Qu'est-ce que vous aimez?

Les sons du français

A. La voyelle /y/. The French /y/ sound in words such as **tu** and **musique** has no counterpart in English. To pronounce the French /y/, first, say the sound /i/ as in **timide**. Keep your lips very tense, as if you were making an exaggerated smile. Now, bring your lips forward and round them as if you were going to whistle or make a kissing sound. Listen and try to imitate the speakers as they contrast the sounds /i/ and /y/.

1.	ti – tu	**2.**	si – su	**3.**	di – du	**4.**	li – lu

B. Les voyelles /u/ et /y/. The sound /u/ is pronounced very much like the sound /y/. Both vowels are produced with the lips rounded as if for whistling. But the tongue is in a different position in the mouth. First, say the sound /u/. As you are saying /u/, move your tongue up and slightly back, toward the roof of your mouth. You are now saying the sound /y/. Listen and imitate the speakers as they contrast the sounds /u/ and /y/.

	/u/	/y/			/u/	/y/
1.	tou	tu	**3.**		dou	du
2.	sou	su	**4.**		lou	lu

C. Cherchez les voyelles. Now, see if you can tell the difference between the three French vowels (/i/, /u/, and /y/) that you have learned. Listen as the speaker says a series of words that contain these vowels. If the speaker reads the words in the same order as they are written, put a check on the line. If the order on the CD is different from the order below, leave blank.

1.	si	su	sous	_____
2.	vu	vie	vous	_____
3.	loue	lu	lit	_____
4.	rit	rue	roue	_____

D. Une comptine. Here is another counting-out rhyme. This one is about a hen sitting on a wall. The hen is pecking at some stale, hard bread. Then she puts her tail up in the air and jumps down from the wall. Try to say the rhyme along with the speaker. Pay attention to the underlined vowels, which represent the vowels /i/, /u/, and /y/.

Une poule sur un mur
qui picote du pain dur,
picoti, picota,
lève la queue et
saute en bas!

ℒes sons et les mots

A. Associations. Listen as you hear several sentences, each of which refers to one of the following pictures. Although you will probably not understand everything you hear, you should be able to pick out words that indicate what is being talked about. Write the number of each sentence you hear under the drawing it refers to.

_____   _____   _____   _____   _____   _____

B. Quel verbe? Say the verb that comes to mind when you think of each of the following. Then, listen for a suggested response.

1. une soprano
2. une radio
3. un livre de mathématiques
4. un menu
5. une cigarette

6. Fred Astaire
7. Amtrak
8. le 25 décembre
9. un problème

C. Qui est-ce? You will hear the names of categories to which the persons or objects below belong. Choose the person or thing that belongs to that category and say it aloud. Then, check your answer with the suggested response.

YOU HEAR: un homme
YOU SAY: Monsieur Lagache
YOU CHECK: Monsieur Lagache

Madame Dubois	Jacqueline	Meryl Streep
Monsieur Lagache	le tennis	le petit Dubois
un chat	Madrid	Londres

D. Complétez. As you hear each verb, choose a plausible continuation for it from the list below. Check your answer with the answer on the CD.

   un film / un cadeau / la radio / espagnol / le dimanche / la chambre / en France / le père et la mère

1. …   3. …   5. …   7. …

2. …   4. …   6. …   8. …

E. C'est amusant? Is it fun or not? React to each of the statements you hear by saying **c'est amusant** or **ce n'est pas amusant.** Then compare your answer with the CD.

YOU HEAR: regarder la télévision?
YOU SAY: c'est amusant *or* ce n'est pas amusant
YOU COMPARE: c'est amusant

1. …   3. …   5. …

2. …   4. …   6. …

*L*es mots et les phrases

A. Combien de personnes? For each of the sentences you hear, decide if one person or more than one person is being talked about. Circle your answer.

YOU HEAR: Elles aiment beaucoup la musique.
YOU CIRCLE: *more than one* because you heard **elles_aiment** and not **elle aime.**
                                    /z/

1. one / more than one   5. one / more than one
2. one / more than one   6. one / more than one
3. one / more than one   7. one / more than one
4. one / more than one   8. one / more than one

B. Qui parle? Identify the subject of each of the following sentences by circling the pronoun you hear. The first one has been done for you.

1. je / tu / il / elle / nous /(vous)/ ils / elles / on

2. je / tu / il / elle / nous / vous / ils / elles / on

3. je / tu / il / elle / nous / vous / ils / elles / on

4. je / tu / il / elle / nous / vous / ils / elles / on

5. je / tu / il / elle / nous / vous / ils / elles / on

6. je / tu / il / elle / nous / vous / ils / elles / on

7. je / tu / il / elle / nous / vous / ils / elles / on

8. je / tu / il / elle / nous / vous / ils / elles / on

C. Une amie de Céline Dubois. Céline is talking about her friend. Listen to what she has to say and, for each statement, decide if she is using an (**A**) affirmative (**elle est**) or an (**N**) negative (**elle n'est pas**) sentence. Circle your answer.

1. A   N   5. A   N
2. A   N   6. A   N
3. A   N   7. A   N
4. A   N   8. A   N

D. Et toi, tu... Olivier and his roommate have not been getting along. Use the following suggestions to play the role of Olivier as he complains to his roommate about his bad habits. Then, check your answer with the response on the CD.

YOU HEAR: ne pas travailler
YOU SAY: Tu ne travailles pas!
YOU CHECK: Tu ne travailles pas!

1. manger beaucoup   5. regarder trop la télévision
2. parler au téléphone   6. ne pas écouter
3. ne pas ranger la chambre   7. parler trop
4. écouter des disques d'Elvis Presley

E. Et vous, vous… Now a third student moves in with Olivier and his roommate! This new roommate is a carbon copy of the other one. Help Olivier tell *both of them* what they do that drives him crazy.

YOU HEAR: ne pas travailler
YOU SAY: Vous ne travaillez pas!
YOU CHECK: Vous ne travaillez pas!

1. manger beaucoup
2. parler au téléphone
3. ne pas ranger la chambre
4. écouter des disques d'Elvis Presley

5. regarder trop la télévision
6. ne pas écouter
7. parler trop

F. Et eux, ils… Obviously, complaining has done no good. Olivier is now talking to the person in charge of room assignments and telling him why he needs to change rooms immediately.

YOU HEAR: ne pas travailler
YOU CHECK: Ils ne travaillent pas!
YOU SAY: Ils ne travaillent pas!

1. manger beaucoup
2. parler au téléphone
3. ne pas ranger la chambre
4. écouter des disques d'Elvis Presley

5. regarder trop la télévision
6. ne pas écouter
7. parler trop

G. Mais c'est à qui? M. Laurent would like to clean up the house, but since he is not sure what belongs to whom, he has to ask his wife. Answer each question, following the model. Then, check with the CD.

YOU HEAR: C'est le livre de Christine?
YOU SAY: Oui, oui, c'est son livre!
YOU CHECK: Oui, oui, c'est son livre!

1. C'est le cahier de Marie-Sophie?

   Oui, oui,…

2. Ce sont les photos de Jean-Pierre?

   Mais non,…

3. C'est la radio de Patrick?

   Oui, oui,…

4. Ce sont les disques de Patrick et de Renaud?

   Mais non,…

5. Ce sont tes clés?

   Oui, oui,…

H. Styles de vie. A group of French students has been visiting a North American university and talking to students there about campus life. Here are some excerpts from their conversations. For each, decide if you are listening to a question (**Q**) or a statement (**S**). Circle your answer.

1. Q   S
2. Q   S
3. Q   S

4. Q   S
5. Q   S
6. Q   S

7. Q   S
8. Q   S

I. Préparations. The same group of French students is coming to your campus. Use the suggestions below to describe university life. Then listen to the answer on the CD. Do you agree?

YOU HEAR: adorer sortir
YOU SAY: Nous adorons sortir.
YOU CHECK: Nous adorons sortir.

1. manger à l'université

2. ne pas travailler beaucoup le week-end

3. regarder les sports à la télévision

4. ne pas fumer dans les classes

5. écouter la radio dans les chambres

6. détester les examens

7. voyager au printemps

8. travailler en été

9. aimer danser, boire et rire

J. Et vous, vous… ? Now, use the following expressions to ask about life on French campuses. Use either **vous + est-ce que** or **vous + intonation** as indicated. Listen to the answer on the CD to check your response.

1. (est-ce que) manger à l'université

2. (intonation) ne pas travailler beaucoup le week-end

3. (intonation) regarder les sports à la télévision

4. (est-ce que) fumer dans les classes

5. (est-ce que) écouter la radio dans les chambres

6. (intonation) détester les examens

7. (intonation) voyager au printemps

8. (est-ce que) travailler en été

9. (intonation) aimer danser, boire et rire

K. Les parents ne sont jamais contents! Jean-Marc's parents are not happy with him today. What do they want him to do? Listen, and then tell Jean-Marc what to do. Check your answers with the answers on the CD.

YOU HEAR: ranger sa chambre
YOU SAY: Range ta chambre!
YOU CHECK: Range ta chambre!

1. …   4. …

2. …   5. …

3. …

$\hat{A}$ l'écoute de…

A. Opinions… Jean-Paul has an opinion on everything. Do you agree with him? If you do, say: **Moi, je pense que oui.** If you don't, say: **Moi, je pense que non.**

1. …   3. …   5. …

2. …   4. …   6. …

B. La famille Simonard. Listen as the various members of the Simonard family are described to you by Julie, the youngest in the family. Then, fill in the chart with *who they are* to her (*her mother, her sister,* etc., in French of course! Don't forget the possessive adjective), *ONE* thing that they are like (one adjective) and *ONE* thing that they are not like (another adjective), and *ONE* thing that they like *or* don't like. You may need to listen more than once.

Jennifer Simonard

_____

Elle est _____

et elle n'est pas _____.

Elle _____

Philippe Simonard

_____

Il est _____

et il n'est pas _____.

Il _____

Charlotte Simonard

_____

Elle est _____

et elle n'est pas _____.

Elle _____

Martin Simonard

_____

Il est _____

et il n'est pas _____.

Il _____

C. Et les Dubois? Listen as the various members of the Dubois family talk about their lives. For each one, fill in the chart with the things they like and don't like. You may need to listen more than once.

Vincent Dubois

Thérèse Dubois

Céline Dubois

Jean-Marc Dubois

	Ils aiment	Ils n'aiment pas
Vincent Dubois	*rire, sortir, _____ et boire*	
Thérèse Dubois		
Céline Dubois		
Jean-Marc Dubois		

Les âges de la vie

Les sons du français

A. La voyelle /ɛ/. The French /ɛ/ closely resembles the sound of **e** in the English word *set*. To produce the French sound /ɛ/, say *set* and then tense your lips and tongue: you are now saying the French word **sept.** Listen as you hear pairs of English and French words. Try to hear the difference between the two words. Then replay the CD and repeat the words along with the speaker to feel for yourself how the pronunciation of the two sounds differs.

English	French
1. set	sept
2. led	laide
3. bet	bête
4. bell	belle

B. /e/ ou /ɛ/? The sound /e/ usually occurs in open syllables, that is, when a syllable ends with a vowel sound. The sound /ɛ/ usually occurs in closed syllables, that is, when a syllable ends with a consonant sound. Listen and repeat the following pairs of words.

/e/ in open syllable	/ɛ/ in closed syllable
1. les	laide
2. chez	chaise
3. été	elle
4. premier	première

C. La liaison. Liaison or linking occurs when the silent consonant that ends one word is linked with the vowel beginning the following word, as in **vous avez.** Listen to each sentence and mark the liaisons that you hear the speaker make.

1. Il y a des enfants dans la maison.

2. Vous avez un stylo?

3. Vous êtes fatigué?

4. Elles ont un ordinateur.

D. Ils ont ou ils sont? Because of liaison, you will hear a **z**-sound in **ils/elles ont.** There is an **s**-sound in **ils/elles sont.** Listen to the following sentences and decide if you hear **ont** or **sont.** Circle your answers.

1. Ils ont	Ils sont	3. Ils ont	Ils sont	5. Elles ont	Elles sont
2. Ils ont	Ils sont	4. Ils ont	Ils sont	6. Elles ont	Elles sont

E. Les chiffres. Listen and mark the liaisons that you hear.

1. un enfant   un chat
2. deux enfants   deux chats
3. trois enfants   trois chats
4. quatre enfants   quatre chats
5. cinq enfants   cinq chats

6. six enfants   six chats
7. sept enfants   sept chats
8. huit enfants   huit chats
9. neuf enfants   neuf chats
10. dix enfants   dix chats

F. Une comptine. In this French counting-out rhyme you will be counting wings (**les ailes**). Can you get the play on words at the end? Listen first, then replay the CD and read along with the speaker.

Une aile, deux ailes, trois ailes, quatre ailes, cinq ailes, six ailes, sept ailes! (C'est elle.)

ℒes sons et les mots

A. Le prix, s'il vous plaît. Listen to the cashier as she rings up the items people have bought. Circle the price of each item.

1. 5€   50€   15€
2. 18€   68€   78€
3. 29€   89€   20€

4. 62€   72€   12€
5. 47€   87€   27€
6. 75€   65€   95€

B. Quel est le prix? Now you are the cashier. Add up each order, then listen to the speaker to check your addition.

1. 23 + 5 =
2. 31 + 20 =

3. 44 + 6 =
4. 81 + 2 + 7 =

5. 73 + 7 =
6. 12 + 30 + 6 + 4 =

C. C'est quelle page, s'il vous plaît? M. Salam always starts his French class by telling his students what page to turn to in their books. Write down the number of the page the class started on each day last week. Then, listen and write down the assignment for next Monday.

lundi: _____   mercredi: _____   vendredi: _____

mardi: _____   jeudi: _____

Pour lundi: _____

D. Des adresses pour étudier le français. Here are some addresses that might be useful if you want to study French in France. Listen and complete them.

1. Université d'Aix-Marseille III – I.E.F.E.E. _____, rue Gaston de Saporta, 13625 Aix-en-Provence.

2. Centre d'Études Linguistiques d'Avignon. _____, rue Sainte Catherine, 84000 Avignon.

3. Institut d'Enseignement de la Langue Française sur la Côte d'Azur. _____, avenue de Toulon, 83400 Hyères.

4. Université de Nice Sophia Antipolis. _____, boulevard Édouard Herriot, 06200 Nice.

5. Cours de Civilisation Française de la Sorbonne. _____ , rue des Écoles, 75005 Paris.

6. Institut Parisien de Langue et de Civilisation Françaises. _____ , boulevard de Grenelle, 75015 Paris.

E. Pour téléphoner à l'étranger. Here are the area codes used in France to telephone someone outside of the country. Imagine that you're filling in on an emergency basis for a telephone operator handling overseas calls. Tell the people on the phone what the country code is.

pays demandés	numéro
Australie	61
Chine (Rép. pop. de)	86
Espagne	34
États-Unis (excepté Alaska et Hawaï)	1
Mexique	52
Norvège	47
Sri-Lanka	94

YOU HEAR: L'Espagne, s'il vous plaît.
YOU SAY: C'est le 34, Monsieur.
YOU CHECK: Le 34, merci.

F. Un chat, un chien et un oiseau. Look at the picture. Then decide if the sentences you hear on the CD are **vrai** *(true)* or **faux** *(false)* and circle the appropriate word.

1. vrai   faux

2. vrai   faux

3. vrai   faux

4. vrai   faux

5. vrai   faux

G. Et maintenant? What happened? Look at the picture again and answer the questions you hear on the CD. Compare your answer with the answer on the CD. Your answer does not need to be as detailed as the answer on the CD.

1. …

2. …

3. …

4. …

Les mots et les phrases

A. Mais qui donc? Listen to the following sentences and decide if each one is about only one person or more than one person. Circle your answers.

1. one   more than one
2. one   more than one
3. one   more than one
4. one   more than one

5. one   more than one
6. one   more than one
7. one   more than one
8. one   more than one

B. Qui part quand? Use the verb **partir** to say who's leaving when for Christmas vacation.

YOU HEAR: Qui part le 16 décembre?
YOU SAY: Marc part le 16 décembre.
YOU CHECK: Oui, oui, Marc part le 16 décembre.

Marc	**16 décembre**
Jean-Pierre	**10 décembre**
Janine et Éric	**13 décembre**
les professeurs	**20 décembre**
vous	**17 décembre**

C. Qualités et défauts. You are going to hear some students discussing their professors. For each, decide if the professor is male or female and circle your answer.

1. un homme   une femme
2. un homme   une femme
3. un homme   une femme

4. un homme   une femme
5. un homme   une femme
6. un homme   une femme

D. Présentez-les. Can you remember some characteristics of the characters you were introduced to in this lesson? Describe them using the following information.

Sylvie Mabille	une petite fille	difficile
François Pinel	un petit garçon	typique
Cédric Rasquin	un adolescent	malheureux
Suzanne Mabille	une étudiante	sportive
Béatrice Dubois	un professeur	énergique

YOU HEAR: Qui est Guillaume Firket?
YOU SAY: C'est un bébé content.
YOU CHECK: Oui, c'est un bébé content.

1. …   3. …   5. …
2. …   4. …

E. On aime ou on déteste? Say whether you like or don't like each item. Pay attention to where you put the adjective. After a pause for your answer, you will hear a suggested response.

YOU HEAR: les films / vieux
YOU SAY: J'aime les vieux films. *or* Je n'aime pas les vieux films.

1. …   3. …   5. …
2. …   4. …   6. …

F. Moi aussi! Are you like the people in the following activity? If so, say **Moi aussi!** If not, say **Pas moi!**

YOU HEAR: Daniel aime les films français.

YOU SAY: **Moi aussi!** (if you like French films) *or* **Pas moi!** (if you don't).

1. …   3. …   5. …   7. …

2. …   4. …   6. …   8. …

À l'écoute de…

A. Photos de famille. Listen as Christine describes old pictures of her family. Write a caption under each photo indicating when the photo was taken.

1. Gaby et Esther

_____

_____

2. Maurice, Harold et Gaby

_____

_____

3. Jean, Martine et Janine

_____

_____

B. Ils sont comment? Now, listen to the description of the photos one more time. This time, write a few details on the chart.

Who?	Age?	Other details?
1. Esther	X	Elle est très sympathique, très _____, très _____ et très _____.
2. Gaby	____	C'est un petit garçon _____, et _____ mais _____.
3. Harold	X	C'est le vrai intellectuel! Il aime _____, _____ et _____.
4. Maurice	X	Il est très sérieux sur la photo. Mais il est très _____, très _____ et toujours _____.
5. Jean	____	Il est un peu _____, mais _____ et _____.
6. Martine	X	Elle est très _____, et très _____ et elle est toujours _____.
7. Janine	____	Elle est un peu grosse mais très_____. Elle est aussi très _____ et très _____.

C. Vrai ou faux? Listen again to the description of the photos. Are the following statements true (**vrai**) or false (**faux**)?

1.	Harold est le père d'Esther.	vrai	faux
2.	Harold est professeur.	vrai	faux
3.	Harold n'est pas très sérieux!	vrai	faux
4.	Maurice est psychanalyste.	vrai	faux
5.	Maurice est sévère avec les enfants.	vrai	faux
6.	Jean habite à Paris.	vrai	faux
7.	Jean parle trois langues.	vrai	faux
8.	Martine n'a pas d'enfants.	vrai	faux
9.	Martine aime beaucoup la musique classique.	vrai	faux
10.	Janine ne travaille pas.	vrai	faux
11.	Janine et Jean ont quatre enfants.	vrai	faux
12.	Janine ne parle pas beaucoup.	vrai	faux

L'espace et le temps

Les sons du français

A. Le son /o/. The French sound /o/ as in the word **trop** is similar to the sound heard in the English words *bone* or *own*, but without a glide or diphthong. To pronounce /o/, round your lips and push them forward as you did to pronounce /u/ as in **vous.** Then push your tongue back and bunch it up in the back of your mouth. You will be saying the sound /o/ as in **vos.** Listen and repeat the following words containing /o/. Note the various spellings of /o/.

1. numér<u>o</u>
2. b<u>eau</u>
3. Cl<u>au</u>de
4. ch<u>au</u>d
5. anim<u>aux</u>

B. Anglais ou français? Listen as the speaker first pronounces a word in English and then a word in French. Compare the glided vowel of English to the single vowel sound of French.

	anglais	français			anglais	français
1.	dough	dos		4.	mow	animaux
2.	beau	beau		5.	sew	seau
3.	foe	faux		6.	show	chaud

C. L'élision. **Élision** is the dropping of the final -**e** or -**a** of words like **le, la,** and **je** when followed by a word beginning with a vowel. Listen and underline where **élision** occurs.

1. Ils ne sont pas à l'hôpital.
2. J'aime l'ami d'Élise.
3. Nous n'avons pas beaucoup d'amis.
4. Voilà l'appartement d'Anne.
5. Est-ce qu'elle va à l'école?

D. Les mots nouveaux. Circle the word you hear in each sentence.

1.	manger	nager	ranger
2.	église	poste	piscine
3.	journée	je vais	jouer
4.	trouver	terminer	travailler
5.	commencer	au soleil	sociable
6.	montagne	Bretagne	campagne

E. Une chanson à dormir. Here is a French lullaby. The little brother, Colas, is told to "go beddy-bye" (**fais dodo**). If he does, he'll get some milk (**du lolo** [in babytalk]). Mommy is upstairs making a cake and Daddy is downstairs making chocolate. Listen and underline all the /o/ sounds you hear.

Fais dodo, Colas mon p'tit frère,

Fais dodo, t'auras du lolo!

Maman est en haut qui fait du gâteau,

Papa est en bas qui fait du chocolat.

Fais dodo, Colas mon p'tit frère,

Fais dodo, t'auras du lolo!

£es sons et les mots

A. Dans ou en? Do you hear **dans** or **en?** Circle your answer.

1. dans   en   4. dans   en

2. dans   en   5. dans   en

3. dans   en   6. dans   en

B. Répondez! Answer each question using **dans** or **en** plus the words suggested. Follow the model and check your answer with the CD.

YOU HEAR: Où vas-tu à neuf heures et demie?
YOU SAY: En classe.
YOU CHECK: En classe.

1. ville

2. la chambre de Jean-Marc

3. bibliothèque

4. juillet

5. hiver

6. bureau

C. Horaires de train. The trains are leaving! Listen and circle the four departure times you hear.

Numéro	EC 21	EC 21	EC 23	EC 25	EC 27/427
Places assises	1-2	1-2	1-2 ★	1-2 ★	1-2 ★
Restauration	🍽 ⍭	🍽 ⍭	🍽 ⍭	🍽 ⍭	🍽 ⍭
Jours de circulation	③	④			
Paris-Gare de Lyon	6.55	7.14	12.25	14.20	18.06
Dijon		8.52	14.03	15.58	19.46
Dole		9.16		16.21	
Frasne		10.11		17.11	21.03
Pontarlier					21.21
Neuchâtel					22.04
Bern					22.37
Vallorbe		10.32	15.32	17.32	21.23
Lausanne arr.	10.55	11.06	16.06	18.06	21.57
Milano	–	14.40	19.45	21.45	–

③ Sauf samedis, dimanches et fêtes. ④ Les samedis, dimanches et fêtes.

D. De Paris à Lausanne. Look again at the schedule in Exercise C. Can you answer these questions about the train schedule for the Paris-to-Lausanne line? Compare your answers to those suggested on the CD. An **express** is a train that makes no more than one stop.

1. ...   3. ...

2. ...   4. ...

E. Plan de la ville. Say if the following are places that can or cannot be found in this part of Livreville. Circle **oui** or **non**.

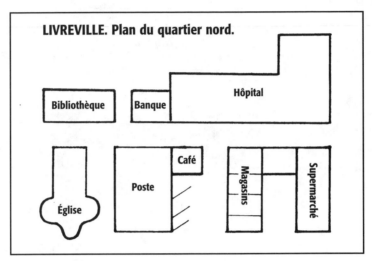

LIVREVILLE. Plan du quartier nord.

Bibliothèque   Banque   Hôpital

Café
Poste   Magasins   Supermarché
Église

1. oui   non   5. oui   non

2. oui   non   6. oui   non

3. oui   non   7. oui   non

4. oui   non   8. oui   non

F. Où est? Now, refer to the map in Exercise E and say what each place is next to. Then listen to some possible answers.

YOU HEAR: le supermarché
YOU SAY: à côté des magasins

1. ...   3. ...   5. ...

2. ...   4. ...   6. ...

G. Sensations! Vous avez chaud? Vous avez froid? Vous avez sommeil? React to the following situations, then check your answer with answer on the CD.

YOU HEAR: Il est minuit et vous étudiez dans votre chambre.
YOU SAY: J'ai sommeil!
YOU CHECK: J'ai sommeil!

1. ...   3. ...   5. ...

2. ...   4. ...   6. ...

*L*es mots et les phrases

A. Quel verbe? Circle the verb you hear in each sentence. Then replay the CD and write the correct form of the verb on the line. The first one is done for you.

1. (aller)   avoir   être   *vas* _____
2. aller   avoir   être   _____
3. aller   avoir   être   _____
4. aller   avoir   être   _____
5. aller   avoir   être   _____
6. aller   avoir   être   _____

B. On va en ville. Everyone has plans in town this afternoon. Say what each person is doing, following the model. Then check your answers with those on the CD.

YOU SEE AND HEAR: Claude / à la poste
YOU SAY: Claude va à la poste.
YOU CHECK: Claude va à la poste.

1. Nous / au restaurant
2. Tu / en ville avec nous?
3. Paul / à l'hôpital
4. Les copains / au cinéma
5. Je / à la banque
6. Vous / au supermarché?

C. Tu ne m'écoutes pas! Alceste is only half listening to Candide. As a result, his answers don't always make sense. Listen and circle **oui** if Alceste's answer makes sense. Circle **non** if it doesn't.

1. oui   non
2. oui   non
3. oui   non
4. oui   non

À l'écoute de…

A. Emploi du temps. Here is Anne's schedule. Listen as she talks with Jean-Pierre. Circle **oui** if she is following her schedule, **non** if she is not.

8h	Histoire
9h – 12h	Bibliothèque
12h	Déjeuner (cafétéria)
2h – 4h	Étudier (chambre)
5h – 6h	Café
6h – 10h	Étudier

1. oui   non
2. oui   non
3. oui   non
4. oui   non
5. oui   non

B. Le plan de l'université. Jean-Luc, a newly arrived exchange student, has a campus map, but the legend is missing. Listen as he asks another student for help and write the number of each building next to its name. The first one has been done for you. You may have to replay and listen several times to get all the information.

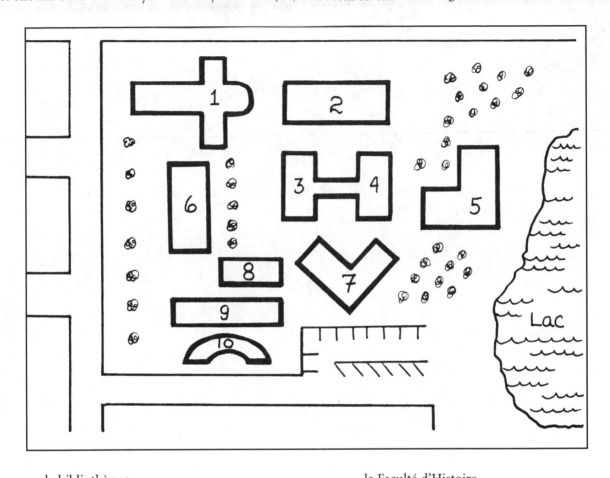

_____ la bibliothèque   _____ la Faculté d'Histoire

_____ la Maison Internationale   _____ l'Institut des Langues Modernes

___1___ l'église   _____ la Faculté de Chimie

_____ l'École de Médecine   _____ le musée

_____ la Faculté de Physique   _____ l'Institut des Langues Orientales

LEÇON 7 *Famille, familles...*

*L*es sons du français

A. Le son /ɔ/. The French sound /ɔ/as in the word **bonne** is approximately intermediate between the English vowel sound in words like *caught* and the sound in words like *cot*. Try to imitate the speaker as you repeat the following words.

1. une pomme
2. une note
3. mort
4. une école
5. Elle est folle.
6. Tu sors?

B. Le son /O/ ou le son /ɔ/? In general, the sound /O/ is found in open syllables (those that end with a vowel sound) and before the sound /z/, while the sound /ɔ/ is found in closed syllables (those that end with a consonant sound). Listen and repeat after the speaker.

le son /O/	**le son /ɔ/**
1. allô	une porte
2. un cadeau	un effort
3. beau	bonne
4. beaucoup	téléphone
5. fauteuil	espagnol
6. rose	sportif

C. Le son /a/. The sound /a/ in French is intermediate between the vowel sound in the English word *pat* and the one in the word *pot*. Listen and repeat after the speaker.

1. Ils arrivent à midi.
2. Voilà papa!
3. Voilà le gâteau.
4. C'est la femme de Patrick.

$\mathcal{L}$es sons et les mots

A. La météo. Here are some excerpts from a French weather report. As you listen, verify the information by referring to the weather map. If what you hear is true, circle **vrai**. If what you hear is false, circle **faux**.

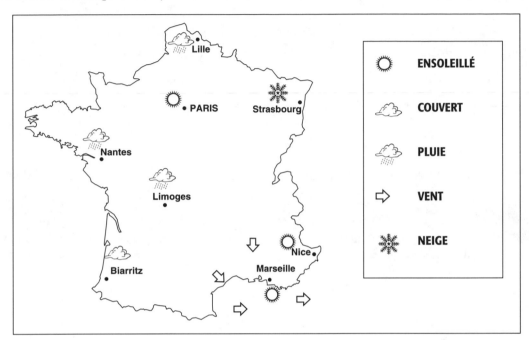

1.	vrai	faux	**3.** vrai	faux	**5.** vrai	faux
2.	vrai	faux	**4.** vrai	faux	**6.** vrai	faux

B. À vous. Play the role of weather person. Look at the map again and tell what the weather is like in each city. Then listen for a suggested response.

1. À Paris…   2. À Marseille…   3. À Lille…   4. À Strasbourg…

C. Trois familles: les photos. Here are family photographs of three families. You will hear one person from each family talk about his or her family. As you listen, decide which family each speaker belongs to.

les Durand   **les Martin**   **les Leupin**

1. C'est Olivier qui parle. C'est la famille _____.

2. C'est Marie-Camille qui parle. C'est la famille _____.

3. C'est Joseph qui parle. C'est la famille _____.

D. Trois familles: écoutez bien. Here is some more information about the three families in Exercise C. As you listen, jot down notes to help you remember who belongs to what family. You may want to write the names of family members next to their pictures. You will need this information for Exercise E also.

1. C'est Christine Martin qui parle. Il y a _____ personnes dans la famille. Christine Martin, c'est la

   _____. Elle a deux _____: le petit s'appelle _____

   et le grand s'appelle _____. Il n'y a pas de _____ dans la famille.

2. C'est Paul Durand qui parle. Il y a _____ personnes dans la famille. Paul Durand, c'est le

   _____. Il a une _____ qui s'appelle Marie-Camille, une

   _____ qui s'appelle Laurie et un _____ qui s'appelle Patrick. Laurie a

   beaucoup d(e) _____ et Patrick est très _____.

3. C'est Mathilde Leupin qui parle. Il y a _____ personnes dans la famille. Le _____

   de Mathilde s'appelle Joseph. Sophie est la _____ de Mathilde et de Joseph et elle habite

   avec eux parce que ses _____ sont morts.

E. Trois familles: à vous. Using the information you've gathered in Exercises C and D, give the family relationships. You will hear a suggested response after your answer.

YOU HEAR AND SEE: Olivier / Luc
YOU SAY: Olivier est le frère de Luc.
YOU CHECK: Olivier est le frère de Luc.

1. Mathilde / Joseph
2. Patrick / Marie-Camille
3. Marie-Camille / Laurie et Patrick
4. Mathilde / Sophie
5. Laurie / Patrick
6. Sophie / Joseph

*L*es mots et les phrases

A. Il fait ou ils font? Circle the verb you hear.

1. fait   font
2. fait   font
3. fait   font
4. fait   font
5. fait   font

B. Chez les Martin. Listen once without writing to find out how household chores are taken care of at the Martins'. Then, replay to listen a second time and fill in the missing words.

C'est Christine Martin qui parle.

Moi, je travaille de huit heures du matin jusqu'à cinq heures du soir. C'est impossible de tout _____

moi-même et nous ne sommes pas riches. Pas de femme de ménage chez nous! Je _____

et je _____ le soir. On n'est pas à la maison à midi et le matin, c'est vite fait. Olivier

et Luc _____ lit et, en principe, ils _____ chambre, mais

en réalité… Alors, le soir, Olivier _____ et le week-end nous _____ tous

_____.

C. Singulier ou pluriel? Circle the verb form you hear in each sentence.

1. veux   voulez
2. veut   veulent
3. veux   voulons

4. veux   voulez
5. veut   veulent

D. Qu'est-ce qu'ils veulent? Use the verb **vouloir** to say what each person wants. Then listen for the suggested answer.

1. Luc et Olivier / ne pas vouloir / faire le ménage le week-end.
2. Mathilde Leupin / vouloir / dormir.
3. Je / vouloir / sortir le soir.
4. Tu / vouloir / sortir le soir !

E. Le ou le? Do you hear an article (**un article**) or a direct object pronoun (**un pronom d'objet direct**)? Circle your answers.

1. article   pronom d'objet direct
2. article   pronom d'objet direct
3. article   pronom d'objet direct
4. article   pronom d'objet direct

5. article   pronom d'objet direct
6. article   pronom d'objet direct
7. article   pronom d'objet direct
8. article   pronom d'objet direct

F. Masculin ou féminin? Are the following people talking about something masculine (**le**), something feminine (**la**), or is it impossible to tell (**l'**)? Circle your answers.

1. le   la   l'
2. le   la   l'
3. le   la   l'

4. le   la   l'
5. le   la   l'
6. le   la   l'

7. le   la   l'
8. le   la   l'
9. le   la   l'

G. Singulier ou pluriel? Are these people referring to one thing (**le, la, l'**) or to more than one thing (**les**)? Circle your answers.

1. le, la, l'   les
2. le, la, l'   les
3. le, la, l'   les

4. le, la, l'   les
5. le, la, l'   les
6. le, la, l'   les

7. le, la, l'   les
8. le, la, l'   les
9. le, la, l'   les

H. Des ordres. Say that yes, you're going to do what you were asked to do. Then compare your answers with those on the CD.

YOU HEAR: Range ton dictionnaire!
YOU SAY: Oui, oui, je vais le ranger.

YOU HEAR: Ne regarde pas la télévision!
YOU SAY: Non, non, je ne vais pas la regarder

1. …
2. …

3. …
4. …

5. …
6. …

I. Qu'est-ce que vous aimez? Now say what you like and don't like. Use direct object pronouns to avoid being repetitious. Then listen to the speaker. You don't have to say as much as the speaker does.

YOU HEAR: Tu aimes les chiens, toi?
YOU SAY: Oui, je les aime. *or* Non, je ne les aime pas.
YOU CHECK: Ah oui, je les aime, j'adore les animaux!

1. …

2. …

3. …

4. …

5. …

À l'écoute de…

Quelles nouvelles? Two old friends have met for the first time in years. Listen as they catch up with each other's lives.

A. Qui? Listen again and fill in the missing information.

Sylvie:		
où elle travaille	_____	
âge des enfants	Julien: _____	
	Marie: _____	
nom du mari	_____	

Pierre:		
où il travaille	*chez Peugeot* _____	
où il habite	_____	
nom de sa femme	_____	
il a des enfants?	_____	
temps qu'il fait	en hiver: _____	
	en été: _____	

B. Vrai ou faux? Listen again to the conversation between Sylvie and Pierre and decide if the following statements are true (**vrai**) or false (**faux**).

1.	Sylvie travaille le matin mais pas l'après-midi.	vrai	faux
2.	Sylvie travaille avec des personnes âgées.	vrai	faux
3.	Pierre aime beaucoup la ville où il habite.	vrai	faux
4.	L'hiver est pénible à Montréal parce qu'il n'y a pas beaucoup de soleil.	vrai	faux
5.	La plus belle saison, c'est l'été.	vrai	faux
6.	Les parents de Sylvie vont bien.	vrai	faux
7.	Le mari de Sylvie cherche un nouveau *(new)* travail.	vrai	faux
8.	La femme de Pierre est professeur dans un lycée.	vrai	faux
9.	Pendant les vacances, Pierre et sa femme aiment bien rester à la maison.	vrai	faux
10.	La femme de Pierre aime bien écrire.	vrai	faux

LEÇON 8

Vous êtes artiste ou sportif?

*L*es sons du français

A. Le son /ø/. The sound /ø/ has no near equivalent in English. It is the sound you hear in the French words **un peu** or **je veux.** To pronounce /ø/, first say the sound /e/ as in **dé.** Then, while saying /e/, try to round your lips to say /ø/. Repeat each pair of words after the speaker.

/e/ **as in** *dé*	/ø/ **as in** *deux*
1. vé	veut
2. gé	jeux
3. pé	peux

B. Deux ou douze? The difference in sound between **deux** and **douze** is frequently difficult for English speakers. Listen to the following sentences. Circle either **deux** or **douze** according to what you hear.

1. deux	douze		**4.** deux	douze
2. deux	douze		**5.** deux	douze
3. deux	douze		**6.** deux	douze

C. Le son /œ/. There is no near English equivalent for /œ/ in French. The sound /œ/ is the sound you hear in words like **jeune** or **seul.** /œ/ is pronounced very much like the sound /ø/ but the jaw is dropped slightly. Listen and repeat the following words that contain the sound /œ/.

1. leur

2. ils veulent

3. elles peuvent

4. Quelle heure est-il?

5. Il est neuf heures.

6. Voilà des fleurs.

D. Le son /ø/ ou le son /œ/? In general, /ø/ is found in open syllables (syllables that end with a vowel sound), and /œ/ is found in closed syllables (syllables that end with a consonant sound). Listen and repeat each pair of words after the speaker.

/ø/	/œ/
1. bleu	fleur
2. vieux	couleur
3. il veut	ils veulent
4. elle peut	elles peuvent

E. Un, deux, trois... This **comptine** tells about going to the woods to gather red cherries in a new basket. Try to say it along with the CD.

1, 2, 3
J'irai dans les bois
4, 5, 6
Cueillir des cerises
7, 8, 9
Dans mon panier neuf
10, 11, 12
Elles seront toutes rouges.

*L*es sons et les mots

A. Les jeux et les sports. What are people talking about? Write the number of the sentence under the appropriate picture.

_____

_____

_____

_____

_____

_____

Nom _____ Cours _____ Date _____

B. Qu'est-ce qu'ils font? Use **faire** to say what the following people are doing. Compare your answers with those on the CD.

1.
2.
3.
4.
5.
6.

C. Appréciations. Are the reactions you hear on the CD positive or negative? Circle your answers.

1. positive   négative
2. positive   négative
3. positive   négative
4. positive   négative
5. positive   négative

D. Réagissez! Use one of the following expressions to react to each suggestion on the CD. Compare your answer with those on the CD. Do you agree or not?

c'est merveilleux / c'est ennuyeux / c'est fatigant / c'est formidable

1. …   3. …   5. …
2. …   4. …   6. …

E. Quel sujet? For each dialogue you hear, circle the topic of conversation.

1. Love of competition
   Having a racing bike
   Competing in races
2. Going swimming
   Playing tennis
   Pool or beach?
3. Playing an evening game
   Belonging to a good team
   Playing soccer for fun

F. L'orthographe! Listen and fill in the blanks with **sais, c'est,** or **cet.**

— _____ examen est difficile!

— Oui, _____ un examen difficile!

— _____ quand, l'examen?

— Moi, je ne _____ pas, et toi?

$\mathcal{L}$es mots et les phrases

A. Quel verbe? What verb do you hear? Circle the appropriate infinitive.

1. pouvoir   vouloir   devoir   4. pouvoir   vouloir   devoir
2. pouvoir   vouloir   devoir   5. pouvoir   vouloir   devoir
3. pouvoir   vouloir   devoir   6. pouvoir   vouloir   devoir

B. On doit, mais on ne peut pas! Here are the things various people ought to do but are unable to do. Say this using **devoir** and **pouvoir.** Then compare your answers with those on the CD.

1. Jacques / trouver un travail.
2. Christine et sa sœur Stéphanie / être plus gentilles.
3. Je / parler plus souvent en classe.
4. Vous / aller chez le dentiste?

C. Questions ou réponses? Are the following sentences questions or answers? Circle **Q** for **question** and **R** for **réponse**.

1. Q   R   3. Q   R   5. Q   R
2. Q   R   4. Q   R   6. Q   R

D. Comment? The connection's really bad. Ask questions to get the information you couldn't hear. Then listen to the answer on the CD.

YOUR HEAR: Avec Marie mmmmmm
YOU SAY: Avec qui?
YOU LISTEN: Avec Marie Merteuil.

1. …   2. …   3. …   4. …   5. …

E. La bonne réponse. Answer each question on the CD with one of the suggested responses. Then check your answer with the CD.

1. demain   3. de ma mère
   mon ami   d'un vélo
   l'anglais   de mes grands-parents

2. à Paris   4. avec mes amis
   à personne   avec mon sac et un livre
   de rien   avec personne

F. Et la question? As you came in the room, you picked up only the last part of the answer to a question. Say what you think the question might have been. Then, compare your answer to the one suggested on the CD.

YOU HEAR: … à mon père
YOU SAY: À qui est-ce que tu parles?
YOU HEAR: À qui est-ce que tu parles?

1. … à ma sœur   3. … avec mes amis
2. … mon dictionnaire   4. … de rien

G. Les changements. Listen. Are the following people changing their habits or not? Circle **oui** or **non**. (HINT: Listen for **ne... plus.**)

1. oui   non   4. oui   non
2. oui   non   5. oui   non
3. oui   non   6. oui   non

H. Changeons! Make some changes in your lifestyle. Say what you're going to do or not going to do anymore. Compare your answers with those on the CD. Do you agree or not?

YOU SEE AND HEAR: faire de l'exercice
YOU SAY: Je vais faire de l'exercice. *ou*
                   Je ne vais pas (plus) faire d'exercice.

1. regarder la télévision   3. rester dans ma chambre le soir
2. sortir le mercredi soir   4. faire du jogging

À l'écoute de...

Interview avec un étudiant français.   Here is an interview with a French student named Stéphane, who lives in Grenoble, in the French Alps. What do you think he will talk about?

_____

_____

A. Au sujet de... Listen to the entire interview. Use English or French to identify the topic of each part of the interview.

Segment 1 _____

Segment 2 _____

Segment 3 _____

B. Des détails. Listen to the interview again segment by segment and fill in the information in the grid.

Numéro un

Études	À la fac de sciences:
Année	
Quand il y a des examens	
Où il habite	
Jours de classe	

Numéro deux

Activités après les cours	Il travaille dans sa chambre ou il _____.
De quoi est-ce qu'on parle?	de politique, de _____, de _____, des _____, des _____, mais pas beaucoup des _____
Il étudie où?	Chez lui ou _____ ou _____.
Quel sport fait-il?	
Il est dans l'équipe de l'université?	
Quelle est sa musique préférée?	

Numéro trois

Activité préférée du samedi?	
Activité préférée du dimanche?	
Activités des vacances d'été?	Avec sa famille: _____ Avec ses copains: _____
Qu'est-ce qu'il ne veut pas faire en été?	

C. La vie étudiante. Write three sentences to describe French students' life according to what you have just learned about it.

1. _____

2. _____

3. _____

LEÇON 9 — *Qu'est-ce qu'on mange?*

Les sons du français

A. Le h aspiré. Most French words beginning with an **h-** act as though they began with a vowel and allow **élision** (**l'hôtel**) and **liaison** (**les hôtels**). Words beginning with an *aspirate h,* however, block both **élision** and **liaison.** Listen and repeat after the speaker.

h non-aspiré	*h* aspiré
1. les histoires	les haricots verts
2. l'hôtel	le hockey
3. en hiver	en haut *(upstairs)*

B. Les consonnes /p/, /t/ et /k/. Compare your pronunciation in English of the pairs *pit/sip, tab/bat,* and *kite/tick.* If you hold your hand in front of your mouth, you will notice a small puff of air after /p/, /t/, /k/ when they begin a word but not when they end one. The French sounds /p/, /t/, /k/ are never produced with a puff of air even when they begin a word. Listen and repeat after the speakers.

—Paul, où est Papa?
—Il téléphone à Thomas!
—À qui? À Catherine?
—Non, pas à Catherine! À Thomas!

C. Une comptine. Listen once. Then replay and try to say the rhyme along with the CD. (**Pomme de reinette** and **pomme d'api** are varieties of apples.)

Pomme de reinette et pomme d'api
Petit tapis rouge
Pomme de reinette et pomme d'api
Petit tapis gris.

Les sons et les mots

A. C'est mangeable? Are the following things edible or not? Circle your answers.

1.	oui	non	4.	oui	non	7.	oui	non
2.	oui	non	5.	oui	non	8.	oui	non
3.	oui	non	6.	oui	non	9.	oui	non

B. Ça se mange ou ça se boit? Do you eat (**manger**) or drink (**boire**) the following items? Circle your answers.

1. manger	boire	**4.** manger	boire	**7.** manger	boire			
2. manger	boire	**5.** manger	boire	**8.** manger	boire			
3. manger	boire	**6.** manger	boire	**9.** manger	boire			

C. Les couleurs et les boissons. What beverages do you associate with each color? Compare your answers to those suggested on the CD.

1. blanc

2. brun

3. noir

4. rouge

D. Fruits, légumes ou viande? Circle the category of each food item.

1. fruit	légume	viande	**5.** fruit	légume	viande	
2. fruit	légume	viande	**6.** fruit	légume	viande	
3. fruit	légume	viande	**7.** fruit	légume	viande	
4. fruit	légume	viande	**8.** fruit	légume	viande	

E. C'est bon pour la santé? Are the following items good or bad for your health? Compare your answers to those given by the CD. Do you agree or not?

YOU HEAR: le beurre
YOU SAY: C'est mauvais pour la santé. *or*
C'est bon pour la santé.
YOU CHECK: Le beurre? C'est mauvais pour la santé!

1. …	**4.** …	**7.** …	
2. …	**5.** …	**8.** …	
3. …	**6.** …	**9.** …	

F. La carte. Listen and say where on a menu you would find each item you hear. Choose among: **les entrées / les viandes / les poissons / les desserts / les boissons.** Check your answer with the CD.

1. …	**5.** …	**9.** …	
2. …	**6.** …	**10.** …	
3. …	**7.** …	**11.** …	
4. …	**8.** …	**12.** …	

Les mots et les phrases

A. Habitudes! Circle the verb you hear in each of the following statements, which describe personal habits. Then write the correct form of the verb. The first one is done for you.

1. (boire) prendre   _boit_____
2. boire prendre   _____
3. boire prendre   _____
4. boire prendre   _____
5. boire prendre   _____

6. boire prendre   _____
7. boire prendre   _____
8. boire prendre   _____
9. boire prendre   _____

B. Quantités. Can you count each of the following things or not? Circle your answers.

1. oui   non
2. oui   non
3. oui   non

4. oui   non
5. oui   non
6. oui   non

7. oui   non
8. oui   non
9. oui   non

C. Qu'est-ce qu'on boit? What do you think these people might drink with their meals? Give your answer, then compare it with the one on the CD. Do you agree or not?

YOU SEE AND HEAR: ta petite sœur
YOU SAY: Elle boit du lait / de l'eau minérale, etc.

1. tes copains
2. ton professeur
3. moi
4. tes parents
5. toi
6. nous

D. Qu'est-ce qu'on prend? Now, what do these people have for breakfast? Compare your answer to the one on the CD.

YOU SEE AND HEAR: ta petite sœur
YOU SAY: Elle prend du pain / des croissants, etc.

1. tes copains
2. ton professeur
3. moi
4. tes parents
5. toi
6. nous

E. Qu'est-ce que les Français mangent? Say two things that you think the French eat at each meal. Then compare your answers to those given on the CD.

1. au petit déjeuner
2. au déjeuner
3. au goûter
4. au dîner

F. On n'a plus faim! If you eat dinner in a French home, your hosts will certainly offer you seconds. Practice saying no politely.

YOU HEAR: Encore (More) du pain?
YOU SAY: Non, plus de pain, merci.

1. Encore du poulet?
2. Encore de la glace?
3. Encore du vin?
4. Encore de l'eau?
5. Encore de la viande?
6. Encore du café?

G. Alceste refuse tout. Alceste hates to eat and drink and he is not very polite either. Play his role. Then, check your answer with the CD.

YOU HEAR: —De la glace?
YOU SAY: —Non, pas de glace. Je déteste la glace!

1. du yaourt?   **3.** des épinards?   **5.** de l'eau?

2. de la bière?   **4.** du café?   **6.** des frites?

 l'écoute de…

Au restaurant

1. It is dinner time in the **Restaurant du Lac** in France. Look at the menu and select what you are going to order by putting a cross in front of each item.

❖❖❖❖❖❖❖ RESTAURANT DU LAC ❖❖❖❖❖❖❖
CARTE

Entrées froides
Cocktail de crevettes
Gâteau de saumon
Salade de tomates et de mozarella au basilic frais
Melon au porto

Entrées chaudes
Quiche au jambon
Soupe de poisson
Tarte aux fruits de mer
Tarte aux légumes de Provence

Poissons
Poisson du lac grillé
Saumon grillé aux épinards
Thon à la provençale
Curry de crevettes sur son lit de riz

Viandes
Mouton aux herbes de Provence
Poulet aux asperges
Rôti de porc aux champignons
Steak au poivre

Garniture au choix: frites, gratin dauphinois, légume du jour

Fromage
Assiette de fromages et sa petite salade

Desserts
Les glaces: vanille, chocolat, fraise, thé vert
Les sorbets: pomme verte, pêche, citron, melon, lavande
Tarte aux poires maison
Tarte Tatin
Gâteau au chocolat
Crème caramel
Assiette de fruits de saison

Boissons
Perrier, Evian, vin du pays, café, chocolat, thé, tisanes

---

2. Now, listen to a conversation between the waiter and two customers. Circle each item that they order.

3. Listen again. Now, write down the order on this page of the waiter's notepad. Use the menu to help you identify the orders.

Table: 4	Client 1 (homme)	Client 2 (femme)
apéritif	un Martini	un jus de tomates
entrée		
plat principal	avec _____	avec _____
dessert		
boissons	pendant le repas: après le repas:	pendant le repas: après le repas:

Qu'est-ce que vous portez?

Les sons du français

A. Les syllabes. A spoken syllable that ends with a vowel sound is called an open syllable (English *through;* French **vous** — note that the final consonants in both languages are not sounded). A spoken syllable that ends with a consonant sound is a closed syllable (English *bite;* French **musique** — note that even though the words end with a mute **e,** the last sound heard is that of a consonant). Listen to the following words and try to determine whether they end with a vowel or a consonant sound.

1. animal
2. laboratoire
3. guitare
4. fatigué
5. commencer
6. radio
7. cinéma
8. mademoiselle

B. Les groupes rythmiques. In spoken French, utterances are divided into **groupes rythmiques** (units of basic meaning). The last syllable of each **groupe rythmique** is stressed. Listen and repeat after the speaker.

1. Patrick aime Annie.
2. Patrick aime Annie, / et Jean aussi.
3. Patrick aime Annie, / et Jean aussi, / mais Annie aime Paul.
4. Je vais en ville.
5. Je vais en ville / cet après-midi.
6. Je vais en ville / cet après-midi / pour faire les courses.
7. Je vais en ville / cet après-midi / pour faire les courses / et je passe à la poste.

C. Une comptine. Listen once. Then replay and try to say the rhyme along with the CD. (Here, a little mouse who is in the chapel making lace for the ladies of Paris has told a woman what time it is.)

Bonjour, Madame,
Quelle heure est-il?
Il est midi.
Qui est-ce qui l'a dit?
La petite souris.
Où donc est-elle?
Dans la chapelle.
Qu'est-ce qu'elle y fait?
De la dentelle.
Pour qui?
Pour les dames de Paris!

ℒes sons et les mots

A. Quels vêtements? Are the following people wearing the items you hear on the CD? Circle **oui** or **non.**

L'homme:

1.	oui	non		**5.**	oui	non
2.	oui	non		**6.**	oui	non
3.	oui	non		**7.**	oui	non
4.	oui	non		**8.**	oui	non

La femme:

1.	oui	non		**5.**	oui	non
2.	oui	non		**6.**	oui	non
3.	oui	non		**7.**	oui	non
4.	oui	non		**8.**	oui	non

L'enfant:

1.	oui	non		**5.**	oui	non
2.	oui	non		**6.**	oui	non
3.	oui	non		**7.**	oui	non
4.	oui	non				

B. Et vous? What will you wear in each situation? Compare your answers with those on the CD. Do you agree or not?

1. Il pleut.
2. Il neige.
3. Pour faire du tennis
4. Pour aller à la plage

C. Ça va? Is the following clothing appropriate for each situation? Circle your answers.

Une interview en juin:	1. oui non	5. oui non
	2. oui non	6. oui non
	3. oui non	7. oui non
	4. oui non	8. oui non

Une partie de tennis:	1. oui non	5. oui non
	2. oui non	6. oui non
	3. oui non	7. oui non
	4. oui non	8. oui non

Un dîner dans un restaurant élégant:	1. oui non	5. oui non
	2. oui non	6. oui non
	3. oui non	7. oui non
	4. oui non	8. oui non

*L*es mots et les phrases

A. Quel verbe? It's Alceste and Candide again. Listen and circle the verbs you hear.

1. dormir   finir   grossir   sortir   4. partir   sortir   maigrir   choisir
2. dormir   grossir   sortir   maigrir   5. dormir   sortir   finir   choisir
3. dormir   finir   grossir   partir   6. finir   sortir   grossir   dormir

B. Écrivez! Replay the CD and listen to Exercise A again. This time, write down the verb form you hear.
POSSIBLE VERBS: **dormir / grossir / sortir / maigrir / finir / partir / choisir**

1. Tu _____   4. On _____
2. tu _____   5. Je ne peux pas _____ / _____ !
3. tu vas _____   6. Tu _____

C. Qu'est-ce qu'on met? Say what the following people wear often and what they never wear, then check your answers with those on the CD. Do you agree?
YOU HEAR: votre grand-mère?
YOU SAY: Elle met souvent des chapeaux, elle ne met jamais de short.
YOU CHECK: Elle met souvent une robe, elle ne met jamais de jeans.

1. votre grand-père?   4. les personnes qui font du ski?
2. votre professeur de français en classe?   5. vous pour aller en classe?
3. les enfants de huit ans?   6. nous, pour aller à la plage?

D. Passé ou présent? Are the actions happening now (**présent**) or have they already happened (**passé**)? Circle your answers.

1. présent	passé	**4.** présent	passé	**7.** présent	passé
2. présent	passé	**5.** présent	passé	**8.** présent	passé
3. présent	passé	**6.** présent	passé	**9.** présent	passé

E. Mais quand au juste? Listen to each dialogue. Are people talking about present, past, or future actions? Circle your answers.

1. présent	passé	futur	**4.** présent	passé	futur
2. présent	passé	futur	**5.** présent	passé	futur
3. présent	passé	futur	**6.** présent	passé	futur

F. Moi, j'ai… Candide is talking about what he did yesterday. Say what he says, adding one or more details about his activities. Then compare your answers with those on the CD.

YOU HEAR: acheter une nouvelle voiture
YOU SAY: J'ai acheté une nouvelle voiture rouge.
YOU CHECK: J'ai acheté une nouvelle voiture, une petite Peugeot rouge!

1. manger au restaurant
2. prendre sa nouvelle voiture
3. mettre sa nouvelle cravate

4. boire du vin
5. parler
6. faire une promenade après le dîner

À l'écoute de…

Présentation de mode

A. It's a fashion show! Listen to the commentary and identify the model being described.

Mannequin 1

Nom: _____

Présentation # _____

Mannequin 2

Nom: _____

Présentation # _____

Mannequin 3

Mannequin 4

Nom: _____

Nom: _____

Présentation # _____

Présentation # _____

B. Combien ça coûte? Replay the CD and listen again. How much does each item of clothing cost?

Présentation numéro 1:

la jupe	_____	les chaussettes	_____
le chemisier	_____	les chaussures	_____
le pull	_____		

Présentation numéro 2:

le pantalon	_____	la chemise d'homme	_____
la veste	_____	la cravate	_____

Présentation numéro 3:

la salopette	_____	le polo	_____

Présentation numéro 4

le tee-shirt	_____	la veste	_____
le short	_____		

LEÇON 11 *Où est-ce que vous habitez?*

*L*es sons du français

A. Les voyelles nasales. Nasal vowels are pronounced by diverting air through the nasal cavities. English has nasal vowels but since they don't signal a difference in meaning, you are probably unaware of their existence. Pinch your nose shut and alternately pronounce *cat* and *can*. Can you feel the blocked nasal vibrations of *can?* Now, listen and repeat after the speaker these familiar French expressions containing a nasal vowel.

1. en hiver
2. très bien
3. dans le bureau
4. jeudi, vendredi
5. je comprends
6. trois poissons

B. Les voyelles nasales du français. French has four nasal vowels. Listen and repeat.

1. La voyelle /ɑ̃/ v<u>en</u>dredi, j<u>an</u>vier, sept<u>em</u>bre, t<u>em</u>ps, b<u>an</u>que
2. La voyelle /ɛ̃/ ex<u>am</u>en, p<u>ain</u>, mat<u>in</u>, s<u>ym</u>pathique, f<u>aim</u>, v<u>in</u>gt
3. La voyelle /ɔ̃/ mais<u>on</u>, poiss<u>on</u>, m<u>on</u>tagne
4. La voyelle /œ̃/ <u>un</u>, l<u>un</u>di, br<u>un</u>

C. Voyelle orale ou voyelle nasale? As you listen to each word, decide if the underlined vowel is an oral or a nasal vowel and check the appropriate column.

		orale	nasale				orale	nasale
1.	d<u>a</u>ns	_____	_____		5.	<u>a</u>ns	_____	_____
2.	h<u>o</u>mme	_____	_____		6.	sem<u>ai</u>ne	_____	_____
3.	b<u>o</u>n	_____	_____		7.	<u>a</u>nnée	_____	_____
4.	b<u>o</u>nne	_____	_____		8.	qu<u>a</u>nd	_____	_____

D. Une comptine. Listen once. Then replay and try to say the rhyme along with the CD. (Here, a person wishes that some boys who were stealing his apples would go to prison.)

ZON ZON ZON ZON ZON
Allez en prison
En prison petits bonshommes
Qui volaient toutes mes pommes!
ZON ZON ZON ZON ZON
Allez en prison!

*L*es sons et les mots

A. Qu'est-ce que c'est? Are the following words associated with the house, food, or clothing? Circle your answers.

1. maison   nourriture   vêtements
2. maison   nourriture   vêtements
3. maison   nourriture   vêtements
4. maison   nourriture   vêtements
5. maison   nourriture   vêtements
6. maison   nourriture   vêtements
7. maison   nourriture   vêtements
8. maison   nourriture   vêtements
9. maison   nourriture   vêtements
10. maison   nourriture   vêtements

B. Où trouver? Candide has been redecorating! Alceste is going around the house checking on where things are now. Play his role, following the model. Say **Ça va** if things are normal, **Ça ne va pas,** if they aren't. Do your answers agree the ones on the CD?

YOU HEAR: Des plantes dans le piano…
YOU SAY: Ça ne va pas!

1. …   3. …   5. …   7. …
2. …   4. …   6. …   8. …

C. Mais qu'est-ce que c'est? What place or thing is the speaker talking about? Listen and write the word that corresponds to the description. Then check your answer with the one on the CD.

1. _____
2. _____
3. _____
4. _____
5. _____
6. _____
7. _____
8. _____

D. Où se trouve... ? Use the following table of contents to say where certain information can be found.

YOU HEAR: la population
YOU SAY: au cinquième chapitre

TABLE DES MATIÈRES

1.	Géographie physique	9.	L'industrie
2.	Le climat	10.	Les grandes régions
3.	La végétation	11.	La circulation
4.	Les rivières	12.	Le tourisme
5.	La population	13.	Le commerce
6.	Les villes	14.	La France et le Marché commun
7.	L'économie	15.	Départements d'Outre-mer
8.	L'agriculture	16.	La France et le Tiers Monde

---

1. ...   3. ...   5. ...
2. ...   4. ...   6. ...

E. Travaux. You need work to be done in your house. Circle the figure given by each contractor.

1.	3.580 euros	3.549 euros	3.590 euros
2.	5.750 euros	5.560 euros	5.760 euros
3.	8.200 euros	8.100 euros	8.209 euros
4.	11.500 euros	11.105 euros	11.505 euros
5.	50.500 euros	50.600 euros	50.700 euros
6.	120.000 euros	100.000 euros	105.000 euros

F. Vous savez combien? Madame Lenoir is asking you for a variety of information. Listen to the questions and answer using the information given. Then, listen to the CD to see if you said it correctly.

YOU HEAR: Un billet pour New York? (899 euros)
YOU SAY: Huit cent quatre-vingt-dix-neuf euros, Madame.
YOU HEAR: Huit cent quatre-vingt-dix-neuf euros, Madame.

1. Une Peugeot? (22.000 euros)
2. Une maison de campagne? (130.000 euros)
3. La date de la Révolution Française? (1789)
4. La population française? (57.000.000)
5. Les morts annuels? (800.000)
6. La population de Strasbourg? (350.000)
7. La consommation annuelle de pain par personne? (65 kg.)
8. La production de tabac en France? (49.000 tonnes)

G. D'accord, pas d'accord. Are the following people agreeing (**d'accord**) or disagreeing (**pas d'accord**)? Circle your answers.

1. d'accord   pas d'accord   4. d'accord   pas d'accord

2. d'accord   pas d'accord   5. d'accord   pas d'accord

3. d'accord   pas d'accord   6. d'accord   pas d'accord

H. Devoir ou devoir? Are the following people using the verb **devoir** to talk about what they have to do or about something they owe someone? Circle your answers.

1. have to do   owe   5. have to do   owe

2. have to do   owe   6. have to do   owe

3. have to do   owe   7. have to do   owe

4. have to do   owe   8. have to do   owe

ℒes mots et les phrases

A. Qui donc? Circle the pronoun that represents the subject in each sentence.

1. je   tu   il   elle   nous   vous   ils   elles

2. je   tu   il   elle   nous   vous   ils   elles

3. je   tu   il   elle   nous   vous   ils   elles

4. je   tu   il   elle   nous   vous   ils   elles

5. je   tu   il   elle   nous   vous   ils   elles

6. je   tu   il   elle   nous   vous   ils   elles

B. Les actions et les lieux. What do you do in each place? Compare your answers with those on the CD.

attendre / répondre / descendre / prendre / regarder / monter / faire / parler / marcher / mettre / manger

YOU HEAR: dans la salle de classe / je
YOU SAY: Je réponds au professeur et je parle français.

1. dans la cuisine / nous   5. sur la terrasse / nous

2. dans la rue / on   6. dans une banque / je

3 dans l'escalier / nous   7. dans la salle à manger / nous

4. dans le bureau du professeur / je   8. dans une gare / on

C. Avoir ou être? Circle the helping verb, **ont** or **sont,** used in each sentence.

1.	ont	sont	**4.**	ont	sont
2.	ont	sont	**5.**	ont	sont
3.	ont	sont	**6.**	ont	sont

D. Quand? For each exchange, decide if people are talking about the present, the past, or the future. Circle your answers.

1.	passé	présent	futur	**5.**	passé	présent	futur
2.	passé	présent	futur	**6.**	passé	présent	futur
3.	passé	présent	futur	**7.**	passé	présent	futur
4.	passé	présent	futur	**8.**	passé	présent	futur

E. Et après? Say what each person probably did. Then compare your answers to those on the CD.

YOU HEAR: Après la classe de français, le professeur (aller / bureau)…
YOU SAY: Il est allé au bureau.

1. Avant l'examen d'anglais, les étudiants (étudier / la bibliothèque)…

2. Après l'examen, les étudiants (aller / chez Suzanne)…

3. Avant le film, Vincent et Thérèse Dubois (manger / au restaurant)…

4. Après le film, Vincent et Thérèse (aller / boire un verre)…

5. Avant de jouer au tennis, Céline Dubois (téléphoner / Anne)…

6. Après le match de tennis, Céline (regarder / un match de tennis à la télévision)…

F. L'été dernier. Say whether or not you did the following things last summer. Then listen to the CD to find out what the speaker did last summer.

YOU HEAR: faire le ménage
YOU SAY: Oui, j'ai fait le ménage *or* Non, je n'ai pas fait le ménage.
YOU CHECK: Non, je n'ai pas fait le ménage! Je ne fais jamais le ménage!

1. faire la cuisine

2. jouer au tennis

3. parler français

4. aller à la plage

5. étudier les maths

6. sortir avec mes amis

7. tomber de vélo

8. regarder la télévision

9. perdre mes clés

À l'écoute de…

À Bruxelles

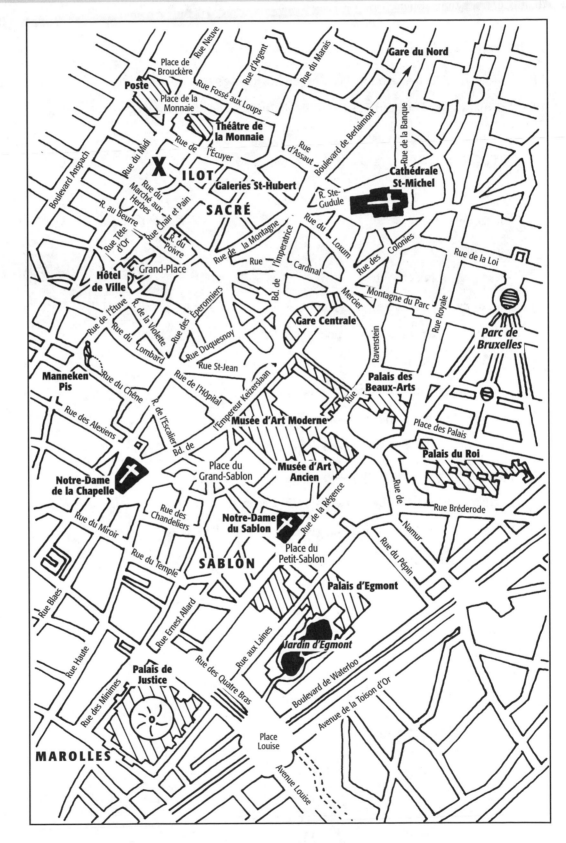

A. Visite du centre-ville. Fabien and Sophie, from Montreal, are visiting Brussels. Their first stop is at the Office du Tourisme, 61 rue du Marché aux Herbes (indicated with a cross on the map). As you listen to the dialogue, trace their itinerary on the map and circle each site they're going to visit.

B. Vrai ou faux? Listen again to the dialogue and see how much you have learned about Brussels.

1. L'Hôtel de Ville de la Grand-Place est du Moyen-Âge *(Middle Ages)*.   V   F

2. Les maisons de la Grand-Place sont du dix-huitième siècle *(century)*.   V   F

3. Ce sont des spécialités belges:

    – le vin   V   F

    – la bière   V   F

    – les moules-frites   V   F

    – le fromage   V   F

    – les tomates aux crevettes   V   F

    – les pralines   V   F

4. Les pralines, ce sont des petits poissons délicieux.   V   F

5. La Cathédrale Saint-Michel, c'est une église gothique.   V   F

6. Le Sablon, c'est un beau quartier moderne.   V   F

7. Au Sablon, on peut trouver des antiquités.   V   F

8. Le Manneken Pis, c'est un tableau dans un musée.   V   F

9. Le Mannenken Pis, c'est un petit garçon.   V   F

10. Les magasins de l'Avenue Louise sont très élégants.   V   F

11. Rue Neuve, il y a beaucoup de magasins.   V   F

12. Rue Neuve, il y a beaucoup de voitures.   V   F

Au travail!

*L*es sons du français

A. Le son /R/. The French /R/ is a guttural sound that has absolutely nothing in common with the English /r/. To pronounce /R/, keep the tip of your tongue against your lower teeth. Say "ga." Note that the back of your tongue is raised. /R/ is produced by moving your tongue a little further back and creating a narrow air passage between the back of your tongue and the back of your mouth. Listen and repeat.

1. garage
2. orange
3. rose
4. dormir
5. radio
6. vrai

B. Les sons /s/, /z/, /ʃ/ et /ʒ/. These sounds are similar to ones used in English. Listen and repeat.

1. (le son /s/)   C'est ça! Si, si! Solange sort avec Pascal!
2. (le son /z/)   Onze fraises grises! C'est vraiment bizarre!
3. (le son /ʃ/)   Dans la chambre de Chantal, il y a des chaises, des chats et des champignons!
4. (le son /ʒ/)   Je ne mange jamais de jambon.

C. Une comptine. Listen once. Then rewind and try to say the rhyme along with the CD. Pay particular attention to the sound /R/. (This is a nonsense counting-out rhyme like *one-potato, two-potato.*)

Am stram gram

Pic et pic et colégram

Bour et bour et ratatam

Am stram gram

*L*es sons et les mots

A. À Cinet. As you hear what each person does, circle the place where that person probably works.

YOU HEAR: Monsieur Lacroix est banquier.

YOU CIRCLE: une usine   (une banque)   un café

1.	Mlle Jacob:	un restaurant	un magasin	une usine
2.	M. Derni:	un bureau	un restaurant	une banque
3.	Mme Renard:	un magasin	une banque	un café
4.	M. Bastin:	en ville	à la plage	à la campagne
5.	Mlle Collin:	une usine	un café	un magasin

B. Les métiers. Give the profession(s) that involves the following people or objects. Compare your answers with those on the CD.

YOU HEAR: les malades
YOU SAY: les médecins, les infirmiers et les infirmières

1. l'argent
2. les repas
3. les vêtements
4. la maison

5. les alcools
6. les criminels
7. les ordinateurs

C. Qualités professionnelles. Circle the qualities that are important for each profession you hear. Then compare your answers with those on the CD.

1.	un juriste	juste	fort	amusant	compétent
2.	un professeur	gentil	intelligent	patient	compréhensif
3.	un ouvrier	honnête	fort	juste	compétent
4.	un médecin	amusant	intelligent	juste	responsable
5.	un policier	gentil	honnête	patient	dynamique
6.	un chef d'entreprise	compétent	fort	honnête	responsable

D. Comment est? Say what each person is like. Then compare your answers with the CD. Do you agree or not? You may use the adjectives from Exercise C.

1. M. Lacroix est banquier. Il est…
2. Mlle Jacob est ingénieur. Elle est…
3. M. Derni est cuisinier. Il est…
4. Mme Renard est commerçante. Elle est…
5. M. Bastin est agriculteur. Il est…
6. Mlle Collin est serveuse. Elle est…
7. Thérèse Dubois est psychologue. Elle est…

E. Trouver un emploi. What kind of job is each person best suited for? Write your answers in the blanks. Choose from: **cuisinier / chef d'entreprise / institutrice / médecin / vendeuse / agriculteur / secrétaire / serveur.**

1. _____
2. _____
3. _____
4. _____

5. _____
6. _____
7. _____
8. _____

F. Devinettes. What are their occupations? Use the following descriptions to guess.

1. _____
2. _____
3. _____

4. _____
5. _____
6. _____

G. Associations d'actions. Circle the words you associate with each verb you hear. Then compare your answers with those on the CD.

1. de l'argent   un autobus   un match   le président
2. la table   une rue   une leçon   une cravate
3. le téléphone   ses clés   ses lunettes   un mur
4. un ordinateur   une école   du bruit   une entreprise
5. des fleurs   une leçon   un arbre   un problème

*L*es mots et les phrases

A. Présent ou imparfait? Are the verbs you hear in the **présent** or the **imparfait**? Circle your answers.

1. présent   imparfait   4. présent   imparfait
2. présent   imparfait   5. présent   imparfait
3. présent   imparfait   6. présent   imparfait

B. Action ou description? Are the following people describing how things were (**imparfait**) or saying what happened (**passé composé**)? Circle your answers.

1. how things were   what happened   5. how things were   what happened
2. how things were   what happened   6. how things were   what happened
3. how things were   what happened   7. how things were   what happened
4. how things were   what happened   8. how things were   what happened

C. Cédric à huit ans. Do you remember Cédric Rasquin, the unhappy product of a broken family that you met in Lesson 5? Here he is again. He's thinking back to the days before his parents got divorced. Use the following words to play the part of Cédric. Since he's talking about the way things used to be, put the main verbs in the **imparfait.** Then compare your answers to those on the CD.

1. je / habiter / avec ma mère et mon père / à Paris
2. nous / être / heureux
3. je / avoir / beaucoup d'amis
4. papa et maman / travailler / et / gagner beaucoup d'argent
5. on / sortir / en famille le week-end
6. la vie / être / beau

D. À dix ans... Use the suggestions given to say what your life was like when you were ten. Then listen to the CD to find out what the speaker's life was like at that age.

1. écouter mes parents   5. fumer
2. boire de la bière   6. rester à la maison le samedi soir
3. travailler   7. acheter mes vêtements
4. avoir une voiture   8. être innocent

E. Qui ou que. Circle the relative pronoun, **qui** or **que**, that you hear.

1. qui que		**3.** qui que		**5.** qui que	
2. qui que		**4.** qui que		**6.** qui que	

F. Mais de qui est-ce qu'on parle? Candide's memory is giving him problems and Alceste has to remind him who is who. Play the role of Alceste.

YOU HEAR: Candide: Mais quel homme? (l'homme / tu as rencontré à la banque hier)
YOU SAY: Alceste: L'homme que tu as rencontré à la banque hier!

YOU HEAR: Candide: Mais quelle femme? (la femme / veut sortir avec toi)
YOU SAY: Alceste: La femme qui veut sortir avec toi!

1. le dentiste / tu as attendu des heures

2. l'avocate / est sortie avec toi la semaine dernière

3. ton client / n'était pas content

4. le serveur / a oublié de te donner le dessert

5. l'agriculteur / tu as pris en voiture avec toi

6. l'employée de banque / a perdu son travail

7. le vendeur / tu détestes

8. le policier / tu ne veux surtout pas rencontrer

À l'écoute de…

A. Trois interviews. Listen to these people talk about what they do for a living and guess their professions. You may use English.

Interview 1: _____

Interview 2: _____

Interview 3: _____

B. Quelques détails. Listen again and fill in the boxes in French.

	Interview 1	Interview 2	Interview 3
Métier		kinésithérapeute	boulanger
Où est-ce qu'il/elle travaille?			boulangerie
Études? (oui/non)			
Avec qui est-ce qu'il/elle travaille?			

C. Vous avez bien compris? Listen a third time and decide if the following statements are true or false.

Interview 1:

1.	Le matin, elle va toujours à l'école avec les enfants.	V	F
2.	Elle fait ses courses le samedi.	V	F
3.	Elle a un bébé à la maison.	V	F
4.	Elle est très seule parce que ses parents habitent loin.	V	F
5.	Elle travaille l'après-midi, mais pas le matin.	V	F
6.	Elle a quatre enfants.	V	F

Interview 2:

1.	Ses clients peuvent avoir des problèmes pour marcher, par exemple.	V	F
2.	Ses clients doivent faire de l'exercice.	V	F
3.	Elle travaille chez elle.	V	F
4.	Elle a fait quatre ans d'études spécialisées.	V	F
5.	Ses clients sont surtout des accidentés ou bien des vieux.	V	F
6.	Elle n'aime pas beaucoup son métier.	V	F

Interview 3:

1.	Dans sa famille, on est boulanger de père en fils.	V	F
2.	Il y a beaucoup moins de travail maintenant qu'avant.	V	F
3.	Sa journée de travail commence à quatre heures du matin.	V	F
4.	Sa femme est vendeuse dans un autre magasin.	V	F
5.	Ils prennent deux semaines de vacances au mois d'août.	V	F
6.	Ils travaillent beaucoup le dimanche.	V	F
7.	Il a fait des études pour être boulanger.	V	F
8.	Il aime être indépendant, mais il trouve que son métier est très dur.	V	F

LEÇON 13 *Une invitation chez les Dumas*

*L*es sons du français

A. L'alphabet phonétique. Each sound or symbol in the phonetic alphabet represents one sound. It is useful when you want to make distinctions that the traditional spelling system obscures. Here are the symbols used to represent French sounds along with their most common spellings. Listen and repeat.

/a/	ami, là, théâtre		/b/	bébé
/e/	chez, étudier, mai		/t/	tante, thé
/ɛ/	elle, mère, treize, Noël		/d/	date
/i/	merci, il y va, égoïste, dîne		/k/	sac, quel, kilo
/o/	trop, hôtel, haut, beau		/g/	gâteau, golf, gros
/ɔ/	école, bonne, pomme		/f/	famille, téléphone
/y/	tu, salut, sûr		/v/	vert
/u/	vous, où		/s/	son, ce, garçon, dessert, nation
/ø/	bleu, vieux, œufs		/z/	rose, zéro
/œ/	fleur, œuf, neuf		/ʃ/	chat
/ə/	je, vendredi		/ʒ/	déjeuner, Georges
/ã/	quand, attendre, septembre		/l/	lac, elle
/ɛ̃/	examen, vingt, fin, faim, bain		/ʀ/	rue, cher, Paris
/œ̃/	lundi, parfum		/m/	maison, homme
/õ/	maison, sombre		/n/	nouveau, bonne
/j/	rien, travaille, payer		/ɲ/	champagne
/w/	oui, jouer, voilà, voyage		/ŋ/	parking
/ɥ/	fruit, lui		/ks/	taxi, excellent
/p/	papa		/gz/	examen

B. Lire en phonétique. Here is a phonetic transcription of a brief exchange. Listen to the CD as you read along. Then, replay the CD and read along with the speaker.

—ty va ã vil?

—wi, ty vø vəniʀ?

—ʒdwa ale a la pɔst e pase a la bɑ̃k, tu matã?

—dakɔʀ, mɛ fɛ vit. ʒe œ̃ ʀɑ̃devu a tʀwa zœʀ ʒyst.

$\mathcal{L}$es sons et les mots

A. Les magasins. As you listen to the following words, circle the names of stores.

un cahier / un supermarché / une boulangerie / une pomme de terre /

une terrasse / une charcuterie / une épicerie / un manteau / une pâtisserie /

une fourchette / une église / une boucherie / une ouvrière / une usine /

une pharmacie / un médicament / une aspirine / une ferme / une gare

B. Associations. What stores or places do the following words evoke for you? Compare your answers with the CD.

1. un chèque
2. un gâteau
3. du pain
4. des fruits

5. une boîte de petits pois
6. du bœuf
7. un serveur
8. du jambon

C. Classons. You will hear several words connected with food and eating. For each, decide whether it belongs to the category tableware (T), food (F), or store (S), and circle your answer. The first one is done for you.

1.	(T)	F	S	13.	T	F	S
2.	T	F	S	14.	T	F	S
3.	T	F	S	15.	T	F	S
4.	T	F	S	16.	T	F	S
5.	T	F	S	17.	T	F	S
6.	T	F	S	18.	T	F	S
7.	T	F	S	19.	T	F	S
8.	T	F	S	20.	T	F	S
9.	T	F	S	21.	T	F	S
10.	T	F	S	22.	T	F	S
11.	T	F	S	23.	T	F	S
12.	T	F	S	24.	T	F	S

D. Faire les courses. Say where you would go to buy each item in France. Then compare your answers to those on the CD. Of course, you could also buy all these items at a **supermarché!**

1. des haricots verts
2. du pain
3. du jambon

4. une bouteille de vin
5. une tarte aux fraises
6. du poulet

7. des croissants
8. un rôti de porc
9. du fromage

Nom _____ Cours _____ Date _____

E. Où est-ce que ça se passe? Listen and decide where the following people are. Write your answers on the appropriate lines.

SUGGESTIONS: **à la boucherie / à la boulangerie / dans la cuisine / à l'épicerie / à la charcuterie / à la bibliothèque / à la pâtisserie / chez le médecin / dans le bureau du professeur / dans une voiture**

1. _____ 5. _____
2. _____ 6. _____
3. _____ 7. _____
4. _____ 8. _____

F. Que faire? These people have problems! Listen and make a suggestion as to what should be done. Then listen for the suggestion on the CD. Was your answer similar or not?

YOU HEAR: Oh, je n'ai plus de pain…
YOU MIGHT SAY: Oh, attends, je vais aller à la boulangerie.

1. … 3. … 5. …
2. … 4. …

*L*es mots et les phrases

A. Venir à tous les temps. Circle the tense you hear in the following sentences.

1. présent imparfait passé composé
2. présent imparfait passé composé
3. présent imparfait passé composé
4. présent imparfait passé composé
5. présent imparfait passé composé

B. D'où vient… ? Say where each person comes from. Then compare your answers with those on the CD.

YOU HEAR: D'où vient Jean-Luc? (Nice)
YOU SAY: Il vient de Nice.

1. D'où vient Alceste? (Lille)
2. D'où vient Candide? (Marseille)
3. D'où viennent leurs cousins? (Lyon)
4. D'où viennent leurs grands-parents? (Toulouse)
5. D'où viens-tu? (Paris?)

C. Fait ou à faire? Did each thing just happen (**venir de** + infinitive) or is each thing going to happen (**aller** + infinitive)? Circle your answers.

1. just happened going to happen 6. just happened going to happen
2. just happened going to happen 7. just happened going to happen
3. just happened going to happen 8. just happened going to happen
4. just happened going to happen 9. just happened going to happen
5. just happened going to happen 10. just happened going to happen

72 ◆◆◆ *VOILÀ!* **Fourth Edition** *Cahier d'activités orales*

D. Sophie et Alain. Sophie doesn't think that Alain is doing his share. Play the part of Alain. Compare your answers with those on the CD.

YOU HEAR: Tu n'as pas acheté de fromage!
YOU SAY: Si, je viens d'acheter du fromage!

1. Tu n'es pas allé à la banque!
2. Tu n'as pas fait le ménage!
3. Tu n'as pas fait la vaisselle!
4. Tu n'as pas rangé la maison!
5. Tu n'as pas fait le lit!
6. Tu n'as pas téléphoné à ma mère!

E. Qu'est-ce que vous prenez? Are the following people ordering something solid or something liquid? Even if you can't tell exactly what they're ordering, you can still decide by identifying the container or quantity you hear. Circle your answers.

1. solide   liquide
2. solide   liquide
3. solide   liquide
4. solide   liquide
5. solide   liquide
6. solide   liquide

F. Combien vous en voulez? Listen and write down what each person is offering or asking for.

YOU HEAR: Il a l'air très bon ce jambon. Je voudrais deux grosses tranches, s'il vous plaît.
YOU WRITE: deux tranches de jambon

1. _____
2. _____
3. _____
4. _____
5. _____
6. _____

G. À vous! Now, order for yourself. Say exactly how much you want of each item. Compare your answers with those on the CD. Are you like that person or not?

1. du jus d'orange
2. du fromage
3. du gâteau au chocolat
4. du vin
5. du café
6. du riz

H. Quel temps? What tense is the verb **voir** in? Circle your answers.

1. présent   imparfait   passé composé
2. présent   imparfait   passé composé
3. présent   imparfait   passé composé
4. présent   imparfait   passé composé
5. présent   imparfait   passé composé
6. présent   imparfait   passé composé
7. présent   imparfait   passé composé
8. présent   imparfait   passé composé

I. De la fenêtre… Say what these people see from their windows. Compare your answers with those on the CD.

YOU HEAR: Michel / le jardin
YOU SAY: Michel voit le jardin.

1. Danielle / un chien et un chat
2. Nous / des voitures dans la rue
3. Tu / des enfants qui jouent au foot
4. Je / une piscine
5. Vous / le balcon de M. et Mme Durand
6. Mes sœurs / des arbres

$\hat{A}$ l'écoute de…

A. Tu fais les courses? Two students are going shopping for food. Before you start, think of a few things that French people might take on a picnic. Don't forget something to drink.

_____

_____

Now listen to their conversation as they decide on their menu and write down their shopping list.

Un gros morceau de fromage, 12 _____ de _____,

_____ tranches de _____, des _____,

12 _____, _____ pain (_____ baguettes),

_____ de vin rouge, _____ eau (_____

d'Évian), _____ kilo de _____, une bonne

_____ champagne, des _____ et des serviettes.

B. Une bonne soirée.

1. **Retour à la maison.** Your roommate is coming home late after an evening in a special restaurant. What will you ask her or him? Prepare three questions.

   a. _____

   b. _____

   c. _____

2. **Un bon restaurant!** When Claude got back late last night, her roommate had some questions for her. Listen, and then reconstruct what Claude and her friend had to eat that evening from their conversation.

	Elle	Lui
entrée		
plat principal		
dessert		
boissons	un petit apéritif et… et…	un petit apéritif et… et…

3. **Quel restaurant?** Now listen to the end of the dialogue to verify the following information:

où?	Rue Saint-Jean, en face _____
nom?	Aux _____
téléphone?	Le 02 . _____ . _____ . _____ . _____

LEÇON 14

Que faire un jour de pluie?

Les sons du français

A. Le son /j/. The sound /j/ is the glide or **semi-voyelle** heard in **fi**ll**e** or **prem**ie**r.** It is similar to the English sound in *year* but is pronounced with greater muscular tension. Listen and repeat as the speaker contrasts the clear vowel sound /i/ with the glide /j/.

/i/	/j/
1. lit	Lyon
2. étudie	étudier
3. fils	fille
4. oublie	oublier

B. Le son /ɥ/. This glide can be heard in **hui**t or **sui**s. Listen and repeat as the speaker contrasts the clear vowel sound /y/ with the glide /ɥ/.

/y/	/ɥ/
1. lu	lui
2. nu *(naked)*	nuit
3. su *(known)*	suis

C. Le son /w/. This glide can be heard in **oui** or **Lou**is. Listen and repeat as the speaker contrasts the clear vowel sound /u/ with the glide /w/.

/u/	/w/
1. ou	ouest *(west)*
2. joue	jouer
3. loue *(rent)*	Louis

D. Une comptine. This counting-out rhyme says that bottles are made in Marseille, covered with straw in Versailles, corked in Toulon, filled in Paris, and drunk in Savoie. Try to repeat along with the speaker.

À Marseille on fait les bouteilles

À Versailles on les empaille

À Toulon on met les bouchons

À Paris on les emplit

En Savoie on les boit.

$\mathcal{L}$es sons et les mots

A. Les mots groupés. Does each word belong primarily to post office vocabulary (**la poste**), to studies (**les études**), or to media (television and newspaper) vocabulary (**les médias**)? Circle your answers.

1. la poste	les médias	les études	**5.** la poste	les médias	les études
2. la poste	les médias	les études	**6.** la poste	les médias	les études
3. la poste	les médias	les études	**7.** la poste	les médias	les études
4. la poste	les médias	les études	**8.** la poste	les médias	les études

B. Associations. For each word you hear, say another related word. Compare your answers with those on the CD.

1. …   **3.** …   **5.** …   **7.** …

2. …   **4.** …   **6.** …   **8.** …

C. De quoi est-ce qu'on parle? What are people talking about? Write the subject of each conversation next to its number. Choose from the following subjects.

   un journal / le téléphone / le courrier / l'Internet / la boîte aux lettres / le bureau de tabac

1. _____   **4.** _____

2. _____   **5.** _____

3. _____   **6.** _____

D. Complétez. Finish the sentences you hear with an appropriate word or expression. Compare your answers with those on the CD.

1. …   **3.** …   **5.** …

2. …   **4.** …   **6.** …

$\mathcal{L}$es mots et les phrases

A. Identification. Match each verb form with its infinitive and number the infinitives in the order you hear them. The first one has been done for you.

décrire _____   envoyer _____   écrire ____1____

dire _____   lire _____   réussir _____

maigrir _____   choisir _____   sortir _____

B. Les actions. Say what action goes with the word you hear. Then compare your answers with those on the CD. Choose from: **poser / décrire / écrire / réussir / envoyer / lire.**

1. une lettre   **3.** le journal   **5.** une question

2. la boîte aux lettres   **4.** ses études   **6.** un voyage

C. Et vous? Answer the following questions in a complete sentence, then compare your answers with those on the CD. Watch your tenses!

1. Est-ce que vous réussissez toujours vos examens?

2. Dites-vous toujours la vérité à vos amis?

3. Est-ce que vous avez lu beaucoup de romans en français?

4. Écrivez-vous souvent à vos professeurs?

5. Écriviez-vous des poèmes quand vous aviez quinze ans?

6. Qu'est-ce que vous lisiez quand vous aviez douze ans?

D. Direct ou indirect? Do you hear an indirect object pronoun or a direct object pronoun? Circle your answers.

1. indirect   direct   6. indirect   direct

2. indirect   direct   7. indirect   direct

3. indirect   direct   8. indirect   direct

4. indirect   direct   9. indirect   direct

5. indirect   direct

E. Trop de questions! Vincent is asking his wife Thérèse a lot of questions. Play the role of Thérèse, following the model. Pay special attention to pronunciation when you check your answers with those on the CD.

YOU HEAR: As-tu vu mes lunettes?

YOU SAY: Oui, je **les** ai **vues**... Elles sont par terre, sur le journal.

1. As-tu écrit les cartes postales?

   Oui, je... Tu veux les lire?

2. As-tu écrit à papa?

   Non, je... Fais-le, toi!

3. C'est toi qui as ouvert la fenêtre?

   Oui, c'est moi qui... J'avais chaud, pas toi?

4. Qu'est-ce que tu as offert à tes parents pour leur anniversaire?

   Je... un beau livre sur Paris.

5. C'est toi qui as pris mes nouvelles chaussures?

   Mais non, ce n'est pas moi qui... C'est le chien! Regarde!

6. Mais où as-tu mis le journal?

   Je... sur la table de la cuisine.

7. As-tu répondu à Paulette?

   Mais oui, je... C'est toujours moi qui écris! C'est toujours moi qui fais tout dans cette famille!

À l'écoute de…

A. Enquête policière. There was a break-in Saturday morning at Le Crédit Régional in Cinet and Mme Renglet is under suspicion! The police have already questioned her once but they want her to account for her activities on the morning in question one more time. Use the following notes, taken during the first interview, to check for any discrepancies in the second one.

Le samedi matin, elle est allée	pour...	Oui? Non?
à la boulangerie	acheter une baguette	_____
	acheter une tarte aux pommes	_____
à l'épicerie	acheter 1 kg de tomates	_____
chez Monsieur Vincent	acheter une salade	_____
	acheter 10 kg de pêches	_____
	acheter des abricots	_____
à la poste	envoyer des lettres	_____
au bureau de tabac	acheter son journal	_____
	acheter des cigarettes pour son mari	_____
à la pâtisserie	acheter des gâteaux	_____
à la librairie	acheter le dernier roman de Le Clézio	_____
	acheter un livre pour sa fille	_____
à la pharmacie	acheter des aspirines	_____

B. Messages téléphoniques. People have called and left messages on the answering machine. Take down what they've said as accurately as possible. First, look at the message form to see what kind of information you need to get. Then, listen as many times as necessary to get the information given.

1.

Date/Jour _____   Heure _____

À l'attention de M _____

EN VOTRE ABSENCE

M _____

N° de téléphone _____

A TÉLÉPHONÉ   ☒   POUVEZ-VOUS RAPPELER   ☒

EST VENU VOUS VOIR   ☐   VOUS RAPPELLERA   ☐

URGENT ☐

Message _____

_____

_____

_____

_____

2.

Date/Jour _____   Heure _____

À l'attention de M ✗✗✗✗ _____

EN VOTRE ABSENCE

M _____

N° de téléphone _____

A TÉLÉPHONÉ   ☒   POUVEZ-VOUS RAPPELER   ☐

EST VENU VOUS VOIR   ☐   VOUS RAPPELLERA   ☒

URGENT ☐

Message _____

_____

_____

_____

_____

3.

Date/Jour _____	Heure _____
À l'attention de M *Monsieur Lalande*	

EN VOTRE ABSENCE

M _____

N° de téléphone _____

A TÉLÉPHONÉ	☒	POUVEZ-VOUS RAPPELER	☒
EST VENU VOUS VOIR	☐	VOUS RAPPELLERA	☐

URGENT ☐

Message _____

_____

_____

_____

_____

C. Après l'écoute. Replay and listen one more time. Where do you think each answering machine is located?

C'est le répondeur d'un ou d'une…

1. _____

2. _____

3. _____

LEÇON 15 *Chez les Hanin*

*L*es sons du français

A. Prononcez bien! English words like *nation* are pronounced with a **sh**-sound. Similar words in French are pronounced using the glide /j/. Listen and repeat.

1. C'est une déci<u>sion</u> difficile.
2. Faites atten<u>tion</u>!
3. Quelle ques<u>tion</u>!
4. Voilà une sugges<u>tion</u>.

B. Le son /l/. To say /l/, put the tip of your tongue behind your top teeth as for /t/ or /d/. Listen and repeat.

1. C'est le lit de Lulu.
2. On achète des livres à la librairie.
3. Qui est là, Luc ou Louise ou bien Lucie?

C. Prononcez bien! The English sound /l/ at the end of words like *peal* is called the dark **l** and is pronounced differently from the /l/ at the beginning of *leap*. There is no dark **l** sound in French. Keep your tongue firmly behind your top teeth as you repeat after the speaker.

1. Isabelle est belge, n'est-ce pas?
2. Et elle est très belle!
3. Oui, elle habite en Italie avec Laurent!

D. Une comptine. Try to repeat along with the CD. Pay attention to l-sounds.

Caramel mel mel
Au chocolat lat lat
La rose est si belle
Violette, violette
La rose est si belle
Qu'on la cueillera.
Violette, vous êtes belle,
Sortez, Mademoiselle.

*L*es sons et les mots

A. Normal ou bizarre? Members of the Hanin family are doing the following things. Are their actions normal or bizarre? Circle your answers.

1. normal   bizarre
2. normal   bizarre
3. normal   bizarre
4. normal   bizarre
5. normal   bizarre
6. normal   bizarre

B. Associations. Which parts of the body do you associate with each of the following items? Compare your answers with those on the CD.

1. de la musique
2. du parfum
3. du shampooing
4. des lunettes
5. une pomme
6. des chaussures
7. un stylo
8. du lait solaire *(sun lotion)*
9. un chapeau
10. un pantalon

C. Ça ne va pas très bien... In whose office might the following bits of conversation be heard? First read the categories. Then listen to the CD. Write the number in the blank that fits. The first one has been done for you.

dentist _____ plastic surgeon _____ psychiatrist _____
dietitian _____ marriage counselor _____ dermatologist _____
physical therapist _____ eye doctor _____ masseuse __1__

D. Toujours de bonnes excuses. Circle the reason each person gives for what went wrong.

1. un train   un réveil   des clés
2. une fête   un camarade de chambre   la tête
3. une dent   une classe   un livre
4. un shampooing   une brosse à cheveux   le coiffeur
5. le temps   des fleurs   le dos

*L*es mots et les phrases

A. Réfléchi ou non? Are the following verbs used reflexively (**R**) or not reflexively (**NR**)? Circle your answers.

1. R   NR
2. R   NR
3. R   NR
4. R   NR
5. R   NR
6. R   NR
7. R   NR
8. R   NR
9. R   NR
10. R   NR

B. Voilà pourquoi. Circle the logical reason for each decision you hear.

1.	Il est tard.	J'ai beaucoup de travail.	Je dois finir avant demain.
2.	Il est minuit.	Il est huit heures du matin.	Je suis sale.
3.	Je vais dîner en ville.	Je suis en classe.	Je suis au lit.
4.	Il y avait du soleil.	Je viens de manger.	Il y avait beaucoup de vent.
5.	Je vais manger.	Je vais chez le dentiste.	Je vais à la bibliothèque.
6.	Il fait beau.	J'ai un examen demain.	Je dois étudier.
7.	Je comprends tout!	Je ne comprends rien!	J'ai réussi!
8.	J'adore jouer aux cartes!	J'ai la grippe.	Je suis tout seul.

C. Quand? Say when you do each of the following. Then compare your lifestyle to the speaker's. How alike are you?

YOU HEAR:　　se lever
YOU SAY:　　Je me lève à huit heures.
YOU HEAR:　　Je me lève à onze heures du matin.

1.	se réveiller	**4.**	se laver les cheveux	**7.**	se brosser les dents
2.	se laver	**5.**	se coucher	**8.**	s'ennuyer
3.	s'habiller	**6.**	se promener	**9.**	s'énerver

D. Nous à l'université... Listen as the speaker describes typical activities for French students. Are their lives similar to yours? Give your opinion, then check with the answer on the CD.

YOU HEAR:　　Ils se lèvent assez tôt parce qu'ils habitent parfois loin de l'université.
YOU SAY:　　Pas nous! Nous nous levons assez tard. *or* Nous aussi, nous nous levons assez tôt.
YOU CHECK:　　Pas nous! Nous nous levons tard parce que nous habitons à l'université.

1.	…	**3.**	…	**5.**	…
2.	…	**4.**	…		

E. Qui le fait? Say who from the following list you think would be most likely to do each thing. Then compare your answers with those on the CD. Do you agree or not?

**mes grands-parents / mon père / ma mère / ma sœur / mon frère / mon chien /
mon professeur de français / les étudiants / les Français / les Canadiens / les Américains**

YOU HEAR:　　se lever à six heures du matin
YOU SAY:　　Ma mère se lève à six heures du matin.

1. se coucher à dix heures du soir

2. ne pas se laver les cheveux tous les jours

3. s'amuser beaucoup le vendredi soir

4. s'énerver quand il a faim

5. se regarder toujours dans le miroir

6. se promener dans les rues du vieux Québec

7. s'arrêter devant tous les arbres quand il se promène

8. se coiffer avant de sortir dans la rue

F. Dernières recommandations. Write the number of each item underneath the picture it describes.

_____   _____   _____

_____   _____   _____

G. Quelques suggestions plus ou moins amicales. First, read the sentences below. On the CD, you will hear some commands. Next to each item, write the number of the command that seems appropriate. The first one is done for you.

Ils vont arriver… un peu de patience…   _____

Tu es vraiment sale, alors!   _____

Voilà une brosse à dents.   _____

Attention, il y a un stop!   ___1___

Il est minuit et tu as l'air fatigué.   _____

Il est l'heure de partir et tu es en short!   _____

H. Et vous? What would you say in the following circumstances if you were in charge? Read the sentence, then react using one of the suggested verbs in the imperative. Finally, listen to what the speaker says. Are your reactions alike or different?

> **se changer / ne pas s'énerver / se coucher / se promener / se laver les mains / bien s'amuser / se lever**

YOU HEAR: Il est minuit et vos copains sont fatigués.
YOU SAY: Couchez-vous!

1. Il est huit heures du matin et vos amis ont un cours à neuf heures!

2. Vos amis partent en pique-nique.

3. Votre petit frère et votre petite sœur jouent dans le jardin, mais c'est l'heure de manger.

4. Il fait un beau soleil.

5. Vos frères sont impatients.

6. Vous allez dîner en ville ce soir mais vos amis portent des jeans.

À l'écoute de…

Une vieille amie…

A. Est-ce qu'elle a changé? How do people change over a long period of time? Think of some things you would ask about the life of a friend you haven't seen in a long time and jot down some notes.

_____

_____

Now listen to the conversation between two women talking about a mutual friend whom they haven't seen in years, Nadine Séloron. Has she changed a little, a lot, or not at all over the years? Put a cross in the corresponding column for each item.

Qu'est-ce qui a changé?	un peu	beaucoup	pas du tout
la taille *(size)*			
comment elle s'habille			
les cheveux			
où elle habite			
les enfants			
le mari			
le caractère *(personality)*			

B. Et maintenant? How is she now? Listen again. Are the following statements true or false?

1. Elle est très mince.   V   F
2. Elle est très élégante.   V   F
3. Elle aime mieux porter des jupes que des pantalons.   V   F
4. Elle a les cheveux bruns.   V   F
5. Elle a 66 ans.   V   F
6. Elle habite à Strasbourg.   V   F
7. Ses enfants sont adultes maintenant.   V   F
8. Son mari a l'air très vieux.   V   F
9. On ne l'aime pas beaucoup parce qu'elle est trop élégante. V   F

C. Après l'écoute. Est-ce qu'elles aiment cette personne? Pourquoi? Donnez deux raisons.

_____

_____

_____

LEÇON 16 — *Une histoire d'amour*

*L*es sons du français

A. Le e caduc, /ə/. This is the sound heard in **je** or **venir**. In spoken French, the /ə/ can usually be deleted if it will not cause three or more consonants to come together in a word. Listen and repeat.

	pronounced	**deleted**
1.	vendredi	samedi
2.	premier	fenêtre
3.	probablement	enveloppe

B. En parlant. In normal spoken French, the sound /ə/ is frequently dropped. Listen to the speaker and cross out each /ə/ that is dropped. Then replay the CD and repeat after the speaker.

1. Je ne sais pas.
2. Est-ce que c'est Patrick?
3. Je te dis la vérité!
4. Parce que je te le dis!

C. Les mots en qu-. Words like **qui** or **que** are always pronounced as if they began with a **k**-sound. Listen and repeat.

1. Qu'est-ce que tu dis?
2. Attends! Ne quitte pas, il y a quelqu'un à la porte.
3. Comment? Quand? Quelle date? Le quatorze? Non, le quinze, d'accord!

*L*es sons et les mots

A. S'aimer ou non? Do the following words relate to love or not? Circle your answers.

1.	s'aimer	ne pas s'aimer	4.	s'aimer	ne pas s'aimer
2.	s'aimer	ne pas s'aimer	5.	s'aimer	ne pas s'aimer
3.	s'aimer	ne pas s'aimer	6.	s'aimer	ne pas s'aimer

B. Quel verbe? Which verbs in the following list are related in meaning to the words you hear on the CD? Compare your answers with those on the CD. Do they agree or not?

se marier / s'adorer / s'entendre bien / se quitter / sortir ensemble / se séparer / s'aimer / s'entendre mal / se disputer / s'embrasser

1. ...   3. ...
2. ...   4. ...

C. C'est l'amour ou c'est la guerre? Is it love or war? Listen and circle your answers.

1. l'amour   la guerre   6. l'amour   la guerre
2. l'amour   la guerre   7. l'amour   la guerre
3. l'amour   la guerre   8. l'amour   la guerre
4. l'amour   la guerre   9. l'amour   la guerre
5. l'amour   la guerre   10. l'amour   la guerre

D. Les étapes d'amour. Listen and say what "stage" each relationship is in. Then, compare your answers with those on the CD. Choose from the following suggestions:

Ils se rencontrent. / C'est la lune de miel. / Ils se disputent. / On est jaloux. / Ils se séparent. / Ils divorcent. / Ils se réconcilient.

1. ...   5. ...
2. ...   6. ...
3. ...   7. ...
4. ...

E. Pendant que ou pendant? Are two events happening at the same time (**actions simultanées / pendant que**) or is the speaker talking about how long something took (**durée / pendant**)? Circle your answers.

1. actions simultanées   durée   4. actions simultanées   durée
2. actions simultanées   durée   5. actions simultanées   durée
3. actions simultanées   durée   6. actions simultanées   durée

F. Pendant combien de temps? Use **pendant** along with the suggestions given to say how long each person has been doing the thing mentioned. Then compare your answers with those on the CD.

YOU HEAR: Paul / parler au téléphone / deux heures
YOU SAY: Paul a parlé au téléphone pendant deux heures hier soir! Ça va coûter cher!

1. Colette / étudier le piano / 3 ans
2. Jean-Pascal / travailler à la bibliothèque / toute la nuit
3. Nous / rester au bord de la mer / les vacances
4. Je / marcher sous la pluie / une heure

G. Quelqu'un ou quelque chose? Are these talking about people or things? Circle your answers.

1. quelqu'un   quelque chose   4. quelqu'un   quelque chose

2. quelqu'un   quelque chose   5. quelqu'un   quelque chose

3. quelqu'un   quelque chose   6. quelqu'un   quelque chose

*L*es mots et les phrases

A. Réciproque ou non? Are the following verbs reciprocal or not? Circle your answers.

1. réciproque   non-réciproque   5. réciproque   non-réciproque

2. réciproque   non-réciproque   6. réciproque   non-réciproque

3. réciproque   non-réciproque   7. réciproque   non-réciproque

4. réciproque   non-réciproque   8. réciproque   non-réciproque

B. Les problèmes de ménage. Is there any hope for Olivier and Nicole? Complete each item. Then listen to the speaker on the CD.

1. Ils se disputent parce que Nicole…
2. Et aussi parce qu'Olivier…
3. Ils veulent se séparer parce qu'ils…
4. Et aussi parce qu'ils…
5. Ils vont se réconcilier parce qu'ils…
6. Et aussi parce qu'ils…

C. Quand est-ce que ça s'est passé? Are the things the speaker is talking about happening now (**présent**), have they already happened (**passé**), or are they going to happen (**futur**)? Circle your answers.

1. présent   passé   futur   6. présent   passé   futur

2. présent   passé   futur   7. présent   passé   futur

3. présent   passé   futur   8. présent   passé   futur

4. présent   passé   futur   9. présent   passé   futur

5. présent   passé   futur   10. présent   passé   futur

D. Racontez. The people you are going to hear are being asked to tell what happened on their first date, but the recorded interviews have been mixed up. Does each item make sense or not? Circle your answers.

1. oui   non   6. oui   non

2. oui   non   7. oui   non

3. oui   non   8. oui   non

4. oui   non   9. oui   non

5. oui   non   10. oui   non

E. De quoi parle-t-on? What are they talking about? Circle your answers.

1. la mère de Marc   le père de Marc   nager
2. où habite Pierre   le père de Marc   les parents de Marc
3. quand Paul et Marc arrivent   les sœurs de Marc   la ville de Paris
4. la ville de New York   le prof d'espagnol   où est Marc

F. Je sais tout? Use **savoir** to say what you know or don't know. Then compare your answers to those on the CD.

YOU HEAR: le présent du verbe «savoir»?
YOU SAY: Oui, je le sais! *ou* Non, je ne le sais pas!

1. …   2. …   3. …   4. …

G. Et je connais tout le monde? Use **connaître** in the present to say whom you know or don't know.

YOU HEAR: les parents de ma grand-mère?
YOU SAY: Oui, je les connais. *ou* Non, je ne les connais pas.

1. …   2. …   3. …   4. …

H. Écoutez bien. Listen once and circle the verb that you hear. Then listen a second time and circle the tense it is in.

1.	savoir	connaître	imparfait	passé composé
2.	savoir	connaître	imparfait	passé composé
3.	savoir	connaître	imparfait	passé composé
4.	savoir	connaître	imparfait	passé composé
5.	savoir	connaître	imparfait	passé composé
6.	savoir	connaître	imparfait	passé composé
7.	savoir	connaître	imparfait	passé composé
8.	savoir	connaître	imparfait	passé composé

À l'écoute de…

A. The Dating Game. Imagine that you're a contestant on *The Dating Game.* What kind of information would you want to have before you made a choice? Prepare four questions.

1. _____
2. _____
3. _____
4. _____

B. On joue... Listen as Marie-Laure plays the *The Dating Game*. You have part of the answers. What were the questions asked by Marie-Laure? To which man is each question directed? Note that you don't have to write the questions the exact way they were asked. You will fill the column on the right while doing Activity C below.

Question de Marie-Laure	Jeune homme	Réponses	Un détail
Il est beau?	1	Oui.	Il est grand.
		Il travaille dans une banque.	
		Il sort avec des copains.	
		Dans un petit studio en ville.	
		Il les aime toutes.	
		Il ne sait pas si la femme idéale existe.	
	2	Pas du tout!	
	2	Oui, toujours!	
		Oui, quatre.	
		D'abord, ils vont aller prendre l'apéritif au café.	

C. Des détails. Listen again and give one more detail for each answer. The first one has been done for you.

D. À la place de Marie-Laure... If you were Marie-Laure, which young man would you choose? Why? Write down your reasons.

_____

_____

_____

_____

Une soirée devant la télévision

Les sons du français

A. Les Français parlent. In rapid, informal speech, words tend to be shortened and to run together. In English, for example, you might say, *I don' know, How 'bout you?* or *Whatcha doin' t'night?* Similar things happen when people speak French. Listen.

carefully spoken French	**informal, rapid French**
1. Moi, je ne sais pas.	Moi, chais pas.
2. Tu as vu l'accident?	T'as vu l'accident?
3. Il y a six pommes.	Y'a six pommes.
4. Tu es sûr?	T'es sûr?
5. Qu'est-ce qu'il dit?	Qu'est-c'qu'i dit?
6. Oui, ce n'est pas mal!	Ouais, c'est pas mal!
7. Je suis de Paris.	Chuis d'Paris.

B. Perfectionnez votre français! Remember that French vowels are clear sounds, even when spoken rapidly as in **A** above! Repeat after the speaker.

1. Quelle heure est-il?
2. Il est six heures et demie.
3. D'où es-tu?
4. Je suis de Paris.
5. Vous parlez anglais?
6. Non, nous parlons italien.

C. Les sigles. Acronyms are common in French. Here are a few:

SMIC	salaire minimum interprofessionnel de croissance
OVNI	objet volant non identifié
PCV	paiement contre vérification (*collect call*)
PDG	Président-directeur général
TGV	train à grande vitesse
BU	bibliothèque universitaire
CAPES	Certificat d'aptitude au professorat de l'enseignement du second degré

Now, listen and write the acronym you hear in each conversation.

1. — À qui tu veux parler?

   — Au _____, il est là?

2. — Tu vas à Paris en voiture?

   — Non, je vais prendre le _____, c'est plus rapide.

3. — J'adore les films de science-fiction.

   — Oh, moi, les histoires d' _____, c'est pas mon fort.

4. — Je n'ai pas assez d'argent pour téléphoner à mes parents.

   — Alors, tu n'as qu'à leur téléphoner en _____.

5. — Est-ce que tu gagnes beaucoup d'argent?

   — Non, le _____, tu sais, c'est tout.

6. — Allô, maman… je vais rentrer tard ce soir. Je vais étudier à la _____.

   — D'accord, mais pas trop tard.

7. — T'as entendu?

   — Non, quoi?

   — Bernard a réussi au _____ et maintenant il est prof dans un lycée.

   — Lui? C'est pas vrai!

*L*es sons et les mots

A. De quoi parle-t-on? Are the following people talking about television, radio, or the movies? Circle your answers.

1. télévision   radio   cinéma   3. télévision   radio   cinéma

2. télévision   radio   cinéma   4. télévision   radio   cinéma

B. Associations. Listen to the speaker and say if each word is associated with radio (**la radio**), television (**la télévision**), and/or the movies (**le cinéma**). Then compare your answers with those on the CD.

1. …   4. …   7. …

2. …   5. …   8. …

3. …   6. …   9. …

C. Qu'est-ce que c'est? What are the following people talking about? Identify each item using a word or phrase from the list.

un film policier / un magazine / une comédie romantique / une pièce de théâtre / une série américaine / un jeu

1. …   3. …   5. …
2. …   4. …   6. …

D. Il n'est jamais trop tard pour bien faire. It's never too late to do better. Say this, following the model. Then, compare your answers with those on the CD.

YOU HEAR: Vous n'avez pas compris le problème?
YOU SAY: Non, mais je vais le comprendre demain.

1. Tu n'as pas appris tes leçons aujourd'hui?
2. Son père ne lui a pas permis de sortir hier soir?
3. Vous n'avez pas mis votre nouvelle cravate hier?
4. Tu n'as pas compris le professeur aujourd'hui?
5. Tu n'es pas revenu hier?
6. Les enfants n'ont pas surpris leurs parents?
7. Tu ne lui as pas promis de le faire?
8. Candide n'est pas devenu célèbre?

ℒes mots et les phrases

A. Pronom ou nom? Do the following sentences contain the pronoun **en** or a noun? Circle your answers.

1. en   nom   3. en   nom   5. en   nom   7. en   nom
2. en   nom   4. en   nom   6. en   nom   8. en   nom

B. Dans le sac de Claudine. Use **en** to say what Claudine has in her purse. Compare your answers with those on the CD.

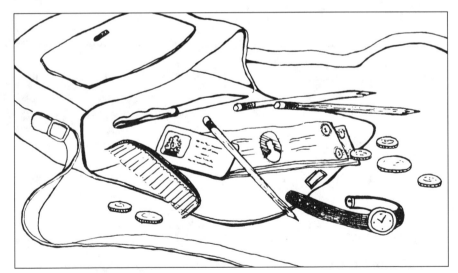

YOU HEAR: Est-ce que Claudine a une montre?
YOU SAY: Oui, elle en a une.
YOU HEAR: Est-ce qu'elle a un cahier?
YOU SAY: Non, elle n'en a pas.

1. …   3. …   5. …   7. …
2. …   4. …   6. …   8. …

C. Une balade en montagne. Read along as you listen to the story of Valérie and Jean-Paul's outing in the mountains. For each blank, stop the CD and write the infinitive of the verb you heard underneath. The first one has been done for you. As you listen, try to understand the gist of the story. (It will help you identify the verbs.)

C'était un mercredi après-midi. Valérie et Jean-Paul _____(I) n'avaient pas_____ d'école. Ils ne
　　　　　　　　　　　　　　　　　　　　　　　　　　　　　　　　　avoir

voulaient pas rester tout l'après-midi à la maison à regarder la télévision, alors ils

_____ d'aller faire une balade en montagne. Valérie _____

emmener son chien avec elle mais Jean-Paul, lui, _____ , parce que le chien se

perdait toujours dans la montagne. Donc, ils _____ tous les deux. Jean-Paul

_____ un garçon très sportif. Il _____ beaucoup trop

vite (*fast*) pour Valérie. Elle _____ d'accélérer le pas pour ne pas perdre Jean-Paul de

vue mais elle _____ marcher aussi vite que lui. Au bout de 45 minutes, elle

_____ dire à son ami, «Eh, Jean-Paul, attends, tu vas trop vite… mes pieds me font

mal.» Jean-Paul _____ , il _____ Valérie qui était assise

par terre. Il lui _____: «Pourquoi tu n'as pas mis des chaussures confortables?» Mais

tant pis! On _____ faire demi-tour maintenant. Ils se sont donc remis en route mais

Jean-Paul _____ marcher moins vite. Cela _____

maintenant une heure qu'ils _____ quand, tout à coup, un orage (*thunderstorm*) a

éclaté et la pluie _____ à tomber. Quelle averse! Nos deux aventuriers

_____ surpris par l'orage et _____ le temps de se

mettre à l'abri (*under shelter*). Valérie _____ furieuse parce qu'elle

_____ un parapluie à la maison mais elle n'avait pas eu l'idée de le prendre avant de

partir cet après-midi. Quelle idiote!

D. Une balade en montagne (suite). Replay the CD and listen to Valérie and Jean-Paul's story again. For each blank, decide if the verb indicates that something happened, and in that case write (**PC**) for **passé composé** on the line toward the left. If the verb tells how things were, write (**I**) for **imparfait**. The first one has been done for you.

E. Une balade en montagne (fin). Replay and listen one last time to the story of Valérie and Jean-Paul. This time, conjugate the missing verbs, putting them in the **passé composé** or **imparfait**. (Some are negative too!) Pay attention to spelling and to past participle agreement. The first one has been done for you.

F. Vous croyez? Use either **moi aussi** or **pas moi** to say whether you agree with the people on the CD or not. Then listen to the reactions of the speaker.

1. …   3. …
2. …   4. …

G. Être en forme. Listen and write the names of the people taking each class on the appropriate line: **Cédric, Paulette, Christine, Jacques et Paulette, Sylvie, Suzanne et Hakim.**

1. le karaté _____

2. la musculation _____

3. le tai-chi _____

4. l'aérobic _____

5. la danse moderne _____

6. la gymnastique _____

H. Est-ce que vous avez jamais suivi… Say whether or not you or the people you know have ever taken one of the following courses. Then compare your answers with those on the CD.

1. Est-ce que vous avez suivi un cours de tai-chi?

2. Est-ce que vous avez un ami qui a suivi un cours de musculation?

3. Est-ce que vous avez déjà suivi un cours d'aérobic?

4. Est-ce que vous avez un frère ou une sœur qui a suivi un cours de gymnastique?

I. L'année dernière. Who are the following people living with? Use the verb **vivre** to complete each sentence. Compare your answers with those on the CD.

YOU HEAR: L'année dernière je vivais avec ma sœur, mais maintenant,… (seul)
YOU SAY: … mais maintenant, je vis seul.

1. L'année dernière, je vivais avec Julien, mais maintenant,… (avec Marc)

2. L'année dernière, nous vivions avec nos parents, mais maintenant,… (seuls)

3. L'année dernière, Suzanne et Pascale vivaient avec Patrick, mais maintenant,… (ensemble)

4. L'année dernière, Patrick vivait avec Suzanne et Pascale, mais maintenant,… (avec moi).

J. Et vous? Use the following words to say how things were for you last year. Then compare your answers with those on the CD.

YOU HEAR: vivre avec mes parents
YOU SAY: Oui, je vivais avec mes parents. *or* Non, je vivais avec une copine.

1. vivre avec un copain

2. vivre avec ma sœur

3. croire au Père Noël

4. vivre dans un appartement

5. suivre un cours de tennis

À l'écoute de…

A. Ce soir, on loue un film. Everybody rented a movie last night. What film did each person see? What kind of film was it? Did they like it or not? Listen and fill in the chart.

TITRE DU FILM	aventures	policier	film d'amour	drame	comédie dramatique	western	a aimé	n'a pas aimé
ALAIN									
JÉRÔME									
CORINNE									
LAURENCE									
CYRIL									
VÉRONIQUE									

B. Quel film? Which film would you pick to see tonight? Why?

Je voudrais voir _____

_____

_____

_____

Le tour du monde en 365 jours

Les sons du français

A. Prononcez bien. The letter **s** between two vowels is pronounced /z/. Double-**s** is pronounced /s/. Listen and repeat.

/s/	/z/
1. Vous choisissez?	Vous avez choisi?
2. Quel dessert!	Quel désert!
3. C'est du poisson?	C'est du poison?

B. Écoutez bien. Do you hear the sound /s/ or the sound /z/? Circle your answers.

1. /s/	/z/	4. /s/	/z/
2. /s/	/z/	5. /s/	/z/
3. /s/	/z/	6. /s/	/z/

C. Perfectionnez votre français! Remember that French is spoken with an even rhythm, not a sing-song one as in English. Listen and repeat.

1. Voilà Mademoiselle Durand. Elle est artiste.
2. J'adore la vie à l'université mais je n'aime pas les examens.
3. Je me suis levé, je me suis habillé et je suis parti.
4. Ça ne fait rien. Je peux téléphoner.

Les sons et les mots

A. Alexandre et la géographie. Is geography one of Alexandre's good subjects or not? Listen and say whether he's right (**il a raison**) or wrong (**il a tort**) in what he says. Then, listen to the corrections on the CD.

1. il a tort	il a raison	4. il a tort	il a raison
2. il a tort	il a raison	5. il a tort	il a raison
3. il a tort	il a raison	6. il a tort	il a raison

B. Masculin ou féminin? Are the following countries masculine or feminine? To decide, listen to the preposition used and then circle your answers.

1. masculin   féminin   4. masculin   féminin

2. masculin   féminin   5. masculin   féminin

3. masculin   féminin   6. masculin   féminin

C. Les pays. Name at least two or three countries for each continent. Compare your answers with those on the CD.

YOU HEAR: en Amérique du Nord
YOU SAY: les États-Unis, le Canada, le Mexique

1. en Europe   2. en Asie   3. en Afrique

D. Quel continent? Say what continent each country is in. Check your answers against those on the CD.

1. l'Espagne   4. le Sénégal

2. le Japon   5. la Belgique

3. le Mexique   6. les États-Unis

E. Tourisme et politesse. It's polite to follow the customs of the countries you're visiting. Say this, following the model.

YOU HEAR: les Français
YOU SAY: En France, faites comme les Français.

1. …   4. …   7. …

2. …   5. …   8. …

3. …   6. …   9. …

F. Moyens de transport. Circle the kind of transportation each person was using.

1. l'avion   le train   un vélo

2. le train   l'avion   le bateau

3. le train   l'avion   la voiture

4. le bateau   l'avion   la voiture

G. Comment y aller? Several exchange students from France have been spending the year in Los Angeles. Here's what they're going to do for spring break. What kind of transportation should they use? Compare your answers with those on the CD.

le train / le bateau / le vélo / l'autocar / la voiture / l'avion

1. Sylvie: _____

2. Anne-Françoise: _____

3. Martine et Valérie: _____

4. Daniel: _____

5. André: _____

H. L'heure, c'est l'heure. Circle the word that best completes each item.

1. tard   en retard
2. tôt   à bientôt
3. tard   en retard

4. à l'heure   en avance
5. à l'heure   tôt

I. Accepter un compliment. There's a tendency in France to downplay compliments. Use a form of **ce** to react to each compliment. Then listen to what else the speaker has to say. (The sound **bof** can be used to downplay the importance of something.)

YOU HEAR: Quelle belle robe!
YOU SAY: Cette robe? Bof! C'est une vieille robe!

1. Quelle belle maison!
2. Quel beau livre!

3. Quels beaux enfants vous avez!
4. Quelle jolie chambre!

J. On réagit! Use a form of **quel** to say how great each thing is. Then, compare your answers with those on the CD.

YOU HEAR: un professeur merveilleux
YOU SAY: Quel professeur!

1. …
2. …
3. …

4. …
5. …
6. …

*L*es mots et les phrases

A. Demain, hier ou aujourd'hui? Are the following people talking about the past, the present, or the future? Circle your answers.

1. le passé   le présent   le futur
2. le passé   le présent   le futur
3. le passé   le présent   le futur
4. le passé   le présent   le futur
5. le passé   le présent   le futur

6. le passé   le présent   le futur
7. le passé   le présent   le futur
8. le passé   le présent   le futur
9. le passé   le présent   le futur
10. le passé   le présent   le futur

B. Demain, je le ferai demain. For Candide, tomorrow is always soon enough. Play his role.

YOU HEAR: Alceste: Tu travailles aujourd'hui?
YOU SAY: Candide: Non, mais je travaillerai demain.

1. Tu finis cet après-midi?
2. Tu le sais maintenant?
3. Tu vas à la bibliothèque aujourd'hui?
4. Tu vois le médecin aujourd'hui?
5. Tu fais les courses aujourd'hui?
6. Tu es fatigué aujourd'hui?

C. C'est sûr! Things will happen as the following people say—really! Say this, using the suggestions given. Then compare your answers with those on the CD.

YOU HEAR: T'es sûr? Tu viendras?
YOU SAY: Oui, oui, je viendrai.

1. T'es sûr? Tu seras là quand j'arriverai?

2. T'es sûr? Tu auras de l'argent demain?

3. C'est sûr? Il prendra l'avion dans 2 jours?

4. Vous êtes sûr? Nous gagnerons le match demain?

5. T'es sûr? Tu m'écriras quand tu seras en vacances?

6. T'es sûr? Tu ne m'oublieras pas?

D. Quel pronom? What pronoun do you hear in each sentence? Circle your answers.

1. y   en   lui   leur

2. y   en   lui   leur

3. y   en   lui   leur

4. y   en   lui   leur

5. y   en   lui   leur

6. y   en   lui   leur

7. y   en   lui   leur

8. y   en   lui   leur

E. Un petit tour en ville. Use the following suggestions to tell what happened when Béatrice went into town yesterday afternoon. To avoid being repetitive, replace the underlined words with a pronoun. Then compare your answers with those on the CD. Do they agree or not?

YOU HEAR: Béatrice / aller / en ville hier
YOU SAY: Béatrice est allée en ville hier.

1. Béatrice / aller / en ville très tôt

2. Pourquoi? / Parce que Béatrice avait beaucoup de choses à faire

3. Vers 5 heures / Béatrice / rencontrer / son meilleur ami Régis / en ville

4. Béatrice et Régis / parler / quelques minutes dans la rue

5. Puis / Béatrice et Régis / aller prendre / une limonade dans un café

6. Béatrice / devoir / demander / à son ami / de payer l'addition / parce que / Béatrice / ne plus avoir / d'argent

7. Mais Régis / avoir / de l'argent

8. Donc Régis / dire / à Béatrice qu'il / ne pas y avoir de problème

9. Béatrice / dire / au revoir / à Régis / et / Régis / dire / au revoir / à Béatrice

10. Et puis / Béatrice / partir dîner / avec son autre meilleur ami David

F. C'est un ordre. M. Renaud's children are questioning his authority. Play his role. Then compare your answers with those on the CD.

YOU HEAR: Je dois vraiment faire mes devoirs?
YOU SAY: —Oui, fais-les!
YOU HEAR: —Nous ne pouvons vraiment pas regarder la télé?
YOU SAY: —Non, ne la regardez pas!

1. — Je dois vraiment téléphoner à grand-mère?
2. — Je ne peux vraiment pas aller au cinéma?
3. — Nous devons vraiment dire la vérité?
4. — Nous ne pouvons vraiment pas prendre de chocolat?
5. — Nous devons vraiment inviter nos cousins?
6. — Nous devons vraiment nous brosser les dents?
7. — Je dois vraiment aller à l'école aujourd'hui?

 l'écoute de…

A. Aujourd'hui on prend le train… You're an employee of the SNCF and today you're working at the information window. Listen to each passenger's question. Then, stop the CD, consult the train schedule, and write the number of the train he or she should take in the blank. (In one case, there will not be a convenient train.) Restart the CD and listen to the train agent answer the question. Did you pick the right train?

Numéro de train		701	709	5495	5087	5495	603	4343	191	5801	7668	5801	609	657	7579	7638	5099	4387	5957
Notes à consulter		1	2	3	4	6	5	7	8	9	4	11	12	13	7	10	7	7	14
Paris Gare de Lyon	D	06.15	07.00			07.00	07.02						08.00	08.30					08.45
St. Germain des Fossés	D								10.06	10.11		10.11							11.49
Roanne	D									10.59		10.59							
Dijon - Ville	D			06.47													09.10		
Mâcon	D			07.55													10.27		
Lyon - Part - Dieu	A						09.02												
Lyon - Part - Dieu	D						09.12									16.02			
Lyon - Perrache	A			08.45									10.18	10.42		11.19			
Lyon - Perrache	D				09.14		09.22								10.55			12.05	
Givors - VIlle	A						09.39								11.12			12.31	
St. Chamond	A						10.00								11.38				
St. Étienne Châteaucreux	A	09.10	09.49	10.08	10.08	10.00			12.01	12.25	12.01				11.50	12.00			
Firminy	A			10.24	10.24					12.44	12.33				12.22				
Le Puy	A			11.29	11.29					13.58	13.58								

1. _____   4. _____

2. _____   5. _____

3. _____

B. Les pays du monde en mots croisés. Here's a different kind of crossword puzzle—all the clues are on CD! Listen, decide which country each clue refers to, and fill in the puzzle.

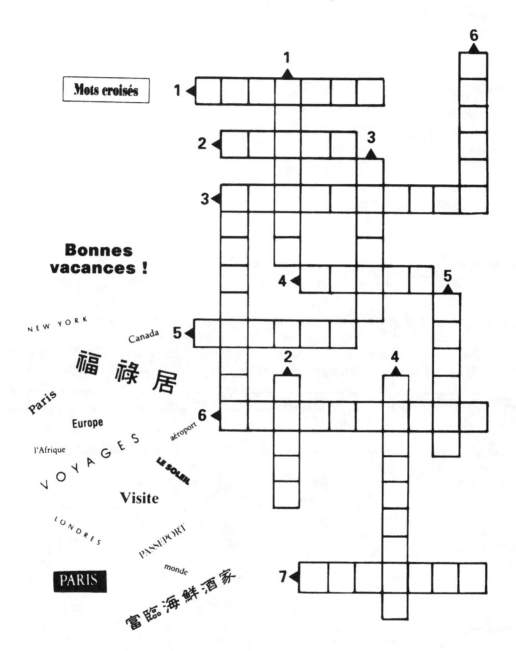

C. Encore un pays. There is one more country in the crossword puzzle that is not on the CD. Can you guess which one it is? Complete the grid.

Le Tour de France

Les sons du français

A. Les sons du français. Every language has sounds to express how people feel about things. Here are some in French.

1. Youpi! *(Yippee, yay!)*

2. Pouah! *(Yuck, uck!)*

3. Miam-miam! *(Yum, yum)*

4. Chut! *(Shh!)*

5. Aïe! *(Ouch!)*

B. Qu'est-ce qui est arrivé à Benoît? Listen to Benoît's reaction. Then decide what must have happened and circle your answer.

1. **a.** Il vient de rencontrer son meilleur ami.

    b. Il est tombé de son vélo.

    c. Son équipe de football préférée a gagné.

2. **a.** Il est en retard pour le dîner.

    b. Le dîner n'est pas bon.

    c. Il ne veut pas de bruit dans la pièce.

3. **a.** Sa maman veut lui donner quelque chose de bon à manger.

    b. Il se demande ce qu'il va faire.

    c. Il est malade parce qu'il a trop mangé de chocolat.

4. **a.** Son meilleur ami a eu un accident.

    b. Il a perdu au *Monopoly*.

    c. Il a gagné au *Monopoly*.

5. **a.** Il ne sait pas répondre à la question du professeur.

    b. Il fait très froid.

    c. Il y a un insecte dans son verre de lait.

C. Des mots onomatopéiques. Onomatopoeic words are those that imitate sounds. Here are some used in French. Listen and repeat.

1.

2.

3.

4.

5.

6.

D. Les cris des animaux. Guess which animal makes each sound. Then listen to the answers on the CD.

1. Qu'est-ce qui fait waouh, waouh? Un chat ou un chien?

2. Qu'est-ce qui fait miaou, miaou? Un chat ou un chien?

3. Qu'est-ce qui fait cocorico? Un coq *(rooster)* ou une vache?

4. Qu'est-ce qui fait hi-han? Une vache ou un âne *(donkey)*?

5. Qu'est-ce qui fait coin-coin? Un coq ou un canard *(duck)*?

6. Qu'est-ce qui fait meuh? Une vache ou un mouton *(sheep)*?

7. Qu'est-ce qui fait bê ê êê? Un mouton ou une vache?

8. Qu'est-ce qui fait croâ? Un oiseau ou une grenouille *(frog)*?

*L*es sons et les mots

A. La carte de France.

Listen and write the name
of each city where it belongs
on the map.

1. Rouen
2. Rennes
3. Mulhouse
4. Limoges
5. Rocamadour
6. Aix-en-Provence

B. Où se trouve… ? Use the map to say where each city is located. Then compare your answers with those on the CD.

1. Strasbourg	3. La Rochelle	5. Grenoble
2. Lyon	4. Angers	6. Lille

C. Dessinez. Listen and complete the picture being described. You will probably have to listen more than once. Don't worry if you can't get every detail.

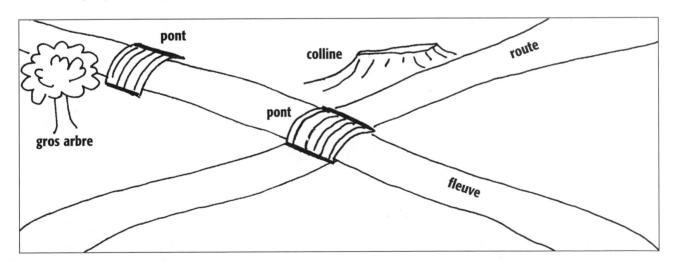

D. Et où se trouve... Look at the sketch you just drew and say where the following people and things are. Compare your answers with those on the CD.

1. Valérie

2. Jean-Paul

3. la forêt

4. les vaches

5. le château

6. Nathalie

$\mathcal{L}$es mots et les phrases

A. On est poli... Is each dialogue an example of polite (**poli**) or impolite (**impoli**) behavior? Circle your answers.

1. poli   impoli

2. poli   impoli

3. poli   impoli

4. poli   impoli

B. Décisions. Have these people made up their minds to do something (**le futur proche, le futur**) or is it just wishful thinking (**le conditionnel**)? Circle your answers.

1. On va le faire.   On le ferait, mais…

2. On va le faire.   On le ferait, mais…

3. On va le faire.   On le ferait, mais…

4. On va le faire.   On le ferait, mais…

5. On va le faire.   On le ferait, mais…

6. On va le faire.   On le ferait, mais…

C. Qu'est-ce que vous feriez si... Take a few minutes and decide what you would do *if*… After you give your answer, listen to the one on the CD. How similar are you to the speaker?

1. Si vous gagniez un million de dollars?

2. Si vous aviez votre avion à vous?

3. Si vous gagniez un voyage sur la lune *(moon)*?

4. Si vous étiez invité chez le président des États-Unis?

D. Le rêve et la réalité. Listen to the statements and decide if the speaker talks about something that will probably happen or something that might happen.

1. will probably happen   might happen
2. will probably happen   might happen
3. will probably happen   might happen
4. will probably happen   might happen
5. will probably happen   might happen
6. will probably happen   might happen

E. Ah si! Listen to the sentences and decide if they are suggestions (**S**) or wishes (**W**). Circle the appropriate letter.

1. S   W
2. S   W
3. S   W
4. S   W
5. S   W
6. S   W

F. Et ce week-end? Make four suggestions for possible activities this weekend. After each one, listen to the CD to compare your suggestions to those of the French speaker.

1. dormir tard
2. aller jouer au tennis
3. aller à la piscine
4. ne pas aller à la bibliothèque

G. Opinions... Listen to the speakers talking about their tastes and opinions and decide if they use **ce qui** or **ce que** in their sentences.

1. ce qui   ce que
2. ce qui   ce que
3. ce qui   ce que
4. ce qui   ce que
5. ce qui   ce que
6. ce qui   ce que

À l'écoute de…

Le Tour de France 2000

A. Avant d'écouter. Before you listen to the CD, look at the map of the Tour de France 2000 and answer the questions.

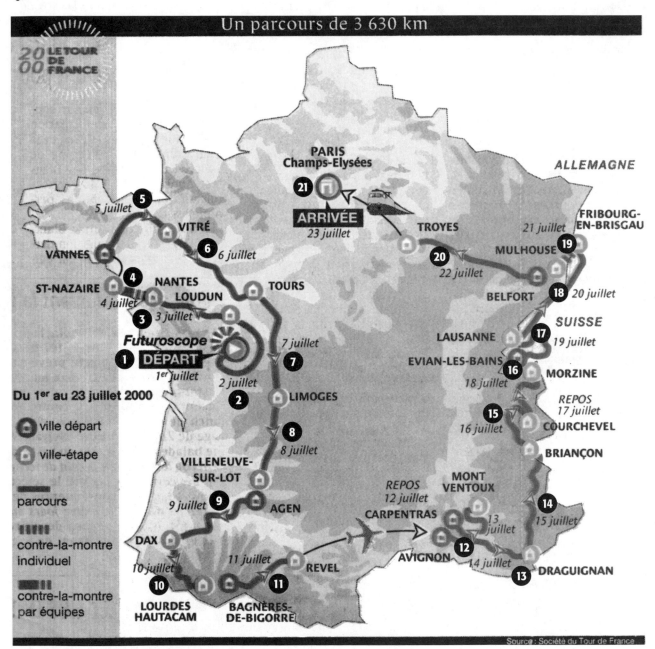

1. Dans quels autres pays est passé le Tour de France en 2000?

   _____   _____

2. D'où est parti le Tour? Quelle est la ville d'arrivée?

   _____   _____

3. Donnez trois régions de France où est passé le Tour de France en 2000. (Pour vous aider, regardez la carte de France dans votre livre, p. 496.

   _____   _____

   _____   _____

4. Donnez deux régions où il n'est pas passé cette année-là.

   _____   _____

5. Qu'ont fait les coureurs le 12 juillet entre Revel et Avignon?

   _____

6. Qu'ont fait les coureurs le 17 juillet à Courchevel?

   _____

7. Comment les coureurs sont-ils allés de Troyes à Paris le 23 juillet?

   _____

8. Sur quelle avenue célèbre s'est terminé le Tour de France, comme tous les ans?

   _____

B. Des informations sur le Tour de France 2000. Listen and read along as information about the Tour de France 2000 is read.

> Le Tour de France 2000 était le 87ème Tour de France. Il a eu lieu du 1er au 23 juillet, avec 180 participants au départ. Il y avait 3.630 kilomètres et 21 étapes. Il y a eu deux jours de repos, un jour de contre-la-montre par équipe et deux jours de contre-la-montre individuels. Pour fêter l'an 2000, le Tour de France 2000 était un peu différent des autres: la dernière étape, longue de 138 kilomètres, a eu lieu entièrement à Paris et les coureurs sont arrivés à Paris par un train de légende: l'Orient Express. Ce jour-là, il y a eu aussi une grande fête pour les cyclistes amateurs qui ont pu faire le même circuit à vélo dans Paris avant l'arrivée des coureurs du Tour.

C. Des interviews à la radio. Cécile Guidon, a reporter for a radio station, has managed to get an exclusive interview with two of the French racers of the Tour de France 2000. Listen to the two interviews several times and circle all items in parentheses that apply. This is not a transcription.

Names of racers mentioned in the two interviews:
Javier Otxoa (Espagne) / Lance Amstrong (États-Unis) / Christophe Moreau (France) / Jacky Durand (France) / Richard Virenque (France) / Jan Ullrich (Allemagne)

Places mentioned:
- Le col de Marie-Blanque (1.035 mètres), le col de l'Aubisque (1.709 mètres), le col du Soulor (1.474 mètres): 3 mountain passes in the Pyrénées.
- Hautacam (1.635 mètres): Ski station above the town of Lourdes, in the Pyrénées. The road that leads to it is very steep and extremely hard to climb.

Mots utiles:
le classement général *final standings*
un col *mountain pass*
une descente *descent*
le maillot jaune *the yellow jersey worn by the leader of the Tour de France*
une montée *ascent*

Aujourd'hui, c'est le (**6 / 8 / 10**) juillet et c'est la (**sixième / dixième / seizième**) étape du Tour de France qui vient de se terminer à Hautacam. Cette étape est la (**première / deuxième / dernière**) étape de montagne du tour. C'est un (**Français / Américain / Espagnol**) qui a gagné l'étape en (**6h 9' 32" / 8h 9' 32" / 6h 9' 42"**) mais c'est un (**Français / Américain / Espagnol**) qui est premier au classement général et qui porte le maillot jaune depuis aujourd'hui .

Christophe Moreau était (**36ème / 46ème / 56ème**) au classement général hier, mais aujourd'hui, il est (**2ème / 3ème / 13ème**), à (**5' 6" / 5' 10" / 5' 16"**) du leader. Alors, il est vraiment très (**heureux / fatigué / surpris**).

Cette étape faisait (**105 km / 205 km / 206 km**) et le temps était (**agréable / parfait / mauvais**). Il faisait (**chaud / frais / froid**) et il y avait (**de la pluie / du soleil / du vent / de la neige / des orages / du brouillard**). Lance Amstrong aime (**le froid / le soleil / le beau temps / le mauvais temps / la montagne**). Christophe Moreau pense que c'est (**lui-même / Lance Amstrong / Richard Virenque / Jan Ullrich**) qui va gagner le Tour cette année. Mais au minimum, il espère arriver dans les (**3 / 5 / 15**) premiers.

Jacky Durand, lui, était (**6ème / 10ème / 16ème**) au classement général hier mais aujourd'hui, malheureusement, il est (**36ème / 46ème / 56ème**) et il est à (**15' 27" / 15' 25" / 25' 27"**) du leader. Le matin, tout allait (**bien / mal**) pour lui et il était le (**premier / deuxième / troisième**), mais l'après-midi, il (**a eu des problèmes avec son vélo / est tombé malade / est tombé de son vélo**) et donc, il a pris du retard. Il est très surpris parce que sur la route (**de Marie-Blanque / de l'Aubisque / du Soulor / d'Hautacam**), il y avait (**une vache / des moutons / un cheval / une chèvre**). Maintenant, il est (**un peu déçu / un peu malade / assez fatigué / découragé / malheureux / optimiste / en bonne forme**).

D. Le classement général de l'étape. Listen to the end of the interview and fill in the chart to give the final standings for today and to give any other details you can about the racers

classement général	le coureur	le pays	temps
premier			en…
	Jan Ullrich		à 4 minutes 14 secondes
troisième			à
	Marc Wauters		à
	Peter Luttenberger	Autriche	à
	Joseba Beloki		à

E. Les dernières infos du Tour de France 2000. Sur les 180 coureurs qui ont pris le départ, il en restait 128 à l'arrivée à Paris le 23 juillet. Pour la deuxième fois, c'est l'Américain Lance Amstrong qui a gagné, en 92 heures 33 minutes 8 secondes. Christophe Moreau a fini quatrième, à 10 minutes 34 secondes d'Amstrong et Jacky Durand a terminé 74ème, à 2 heures 31 minutes 48 secondes.

Pour plus d'informations sur le Tour de France 2000 et sur les Tours de France qui ont suivi, vous pouvez consulter le site Web du Tour: **http://www.letour.fr**

LEÇON 20
Le bonheur, qu'est-ce que c'est?

*L*es sons du français

A. Des mots apparentés. Listen and circle the French words that are related to English words.

1. Moi, je suis réaliste, mais mon mari, lui, est optimiste.
2. C'est vraiment comique.
3. Liberté, égalité, fraternité!
4. Généralement, à l'université, on est logique.
5. Et hier, il est arrivé avec deux heures de retard! J'ai eu envie de l'étrangler!

B. Français ou anglais? Is each word an English word or a French one? Circle your answers.

français	anglais
1. réaliste	realistic
2. université	university
3. liberté	liberty
4. logique	logic
5. télévision	television
6. cuisine	cuisine
7. journal	journal
8. souvenir	souvenir

C. Prononcez les mots apparentés. Here are some French-English cognates. Be careful to pronounce each vowel clearly and to keep an even rhythm. Listen and repeat.

1. réaliste	3. liberté	5. télévision	7. journal
2. université	4. logique	6. cuisine	8. souvenir

D. Pour hésiter. The sound used in French to indicate hesitation is **euh**. Make sure to keep your lips rounded when you say **euh**. Listen and repeat.

1. Euh… chais pas moi.
2. Je pense… euh… finalement, oui, c'est ça.
3. Enfin, bref, euh… ce que je veux dire, c'est que…
4. C'est qui? Monsieur Gaumont? Euh… oui, je peux lui parler.

E. Pour s'exprimer. Here are some expressions used in French to express how you feel. Listen and repeat.

1. Oh là là! *(surprise)*

   Oh là là! Quelle idée!

2. Zut! *(disappointment, displeasure, "darn")*

   Zut! J'ai oublié de le lui dire!

3. Tiens! *(to get someone's attention, "hey")*

   Tiens! C'est Patrick! Comment ça va, toi?

4. Ah bon? Ah bon! *(to express understanding or agreement, "really")*

   Ah bon? C'est comme ça? Bon alors, on verra.

Les sons et les mots

A. Bon ou mauvais? Classify each word or expression you hear by writing it in the appropriate column.

bon	mauvais	ça dépend
1. _____	_____	_____
2. _____	_____	_____
3. _____	_____	_____
4. _____	_____	_____
5. _____	_____	_____
6. _____	_____	_____
7. _____	_____	_____
8. _____	_____	_____
9. _____	_____	_____
10. _____	_____	_____

B. Réagir! Give your reaction to each word or expression. Then, compare your answers to those on the CD.

SUGGESTIONS: **je suis pour / je suis contre / c'est mauvais / ça dépend /
c'est injuste / ça m'intéresse / ça ne m'intéresse pas**

1. le racisme
2. la paix
3. être idéaliste
4. le confort matériel
5. faire de la politique
6. l'injustice

C. Des opinions. Some people recently expressed their opinions on certain topics. For each one, identify what they're talking about. Choose from the following:

**la justice / l'injustice / la pauvreté / les loisirs / l'amour / le racisme / l'environnement /
l'avenir / la politique / l'immigration / la violence / l'égalité**

1. Isabelle _____

2. Stéphane _____

3. Delphine_____

4. Marie-Pierre _____

5. Jean-François _____

6. Laurent _____

D. Qu'est-ce qu'ils pensent? Replay the CD and listen to the opinions expressed in Exercise C one more time. Choose the best answers.

1. Pour Isabelle, la pauvreté est…	une injustice	une nécessité	une illusion
2. Pour Stéphane, les loisirs sont…	bons	peu importants	mauvais
3. Pour Delphine, l'avenir est…	heureux	mauvais	devant nous
4. Pour Marie-Pierre, la violence est…	bonne	fatale	juste
5. Pour Jean-François, l'amour est…	une nécessité	une chance	une illusion
6. Pour Laurent, la démocratie est…	bonne	parfaite	mauvaise

E. Qu'est-ce que vous en pensez? Do you agree with the opinions expressed by the following six people? Say what you think, using **il/elle a tort** or **il/elle a raison.** Compare your answers with those on the CD.

1. Isabelle, la pauvreté
2. Stéphane, les loisirs
3. Delphine, l'avenir

4. Marie-Pierre, la violence
5. Jean-François, l'amour
6. Laurent, la démocratie

*L*es mots et les phrases

A. Quel mode? As you listen to the sentences on the CD, circle the mood of the verb (**indicatif, impératif, subjonctif**). The first one has been done for you.

1. aller	(indicatif)	impératif	subjonctif
2. faire	indicatif	impératif	subjonctif
3. voir	indicatif	impératif	subjonctif
4. avoir	indicatif	impératif	subjonctif
5. vouloir	indicatif	impératif	subjonctif
6. savoir	indicatif	impératif	subjonctif
7. pouvoir	indicatif	impératif	subjonctif

B. Ça veut dire... Listen and decide if each sentence expresses a statement of fact, an emotion, a necessity, or a wish. Circle your answers.

1. fact   emotion   necessity   wish
2. fact   emotion   necessity   wish
3. fact   emotion   necessity   wish
4. fact   emotion   necessity   wish
5. fact   emotion   necessity   wish
6. fact   emotion   necessity   wish
7. fact   emotion   necessity   wish
8. fact   emotion   necessity   wish

C. La vie en rose. Life is great! Using the suggestions given, say how happy you are about things. Before you start, write down the verb form you'll use.

YOU HEAR: Je suis content(e) que / tu / être / mon ami
YOU SAY: Je suis content(e) que tu sois mon ami.

1. Je suis content(e) que / la vie / être / belle   _____

2. Je suis content(e) que / il / faire / beau aujourd'hui   _____

3. Je suis content(e) que / nous / être / amis   _____

4. Je suis content(e) que / vous / aller / en France cet été   _____

5. Je suis content(e) que / quelqu'un d'autre / faire / tout à la maison   _____

6. Je suis content(e) que / cet exercice / finir   _____

D. La vie en noir? Use **je suis triste que** to say that you're sad about each of the following. Compare your answers with those on the CD.

1. Je suis triste que / il / pleuvoir
2. Je suis triste que / tu / être / malade
3. Je suis triste que / ils / devoir / partir
4. Je suis triste que / vous / être / triste
5. Je suis triste que / vous / ne pas avoir / de chance aujourd'hui
6. Je suis triste que / tes parents / vouloir / divorcer

E. Je veux que... on veut que je... Are these things that Jean-Pascal wants to do himself or things that other people want him to do? Circle your answers.

1. Jean-Pascal veut le faire.   Quelqu'un d'autre veut qu'il le fasse.

2. Jean-Pascal veut le faire.   Quelqu'un d'autre veut qu'il le fasse.

3. Jean-Pascal veut le faire.   Quelqu'un d'autre veut qu'il le fasse.

4. Jean-Pascal veut le faire.   Quelqu'un d'autre veut qu'il le fasse.

5. Jean-Pascal veut le faire.   Quelqu'un d'autre veut qu'il le fasse.

6. Jean-Pascal veut le faire.   Quelqu'un d'autre veut qu'il le fasse.

À l'écoute de…

A. Messages téléphoniques. You are working in an office. Listen to the messages on this machine and complete the information. Don't forget to check the boxes corresponding to the messages that people are leaving.

1.

À	Mme la Directrice	Date	20/9/00
De	M. Lenoir	Tél.	04.77.43.25.67

☐ À signer   ☐ À retéléphoner
☐ À approuver   ☐ À traiter
☐ À discuter   ☐ À contrôler
☐ À commenter   ☐ À suivre
☐ À retourner   ☐ À classer
☐ À distribuer   ☐ Pour information

2.

À	Mme	Date	6/3/01
De	Mme	Tél.	02.78.12.98.15

☐ À signer   ☐ À retéléphoner
☐ À approuver   ☐ À traiter
☐ À discuter   ☐ À contrôler
☐ À commenter   ☐ À suivre
☐ À retourner   ☐ À classer
☐ À distribuer   ☐ Pour information

3.

À	Mme	Date	14/10/00
De	Mlle	Tél.	04.77.81.92.34

☐ À signer   ☐ À retéléphoner
☐ À approuver   ☐ À traiter
☐ À discuter   ☐ À contrôler
☐ À commenter   ☐ À suivre
☐ À retourner   ☐ À classer
☐ À distribuer   ☐ Pour information

4.

À			
De	Paul Martin	Tél.	

☐ À signer   ☐ À retéléphoner
☐ À approuver   ☐ À traiter
☐ À discuter   ☐ À contrôler
☐ À commenter   ☐ À suivre
☐ À retourner   ☐ À classer
☐ À distribuer   ☐ Pour information

B. Qu'est-ce qu'ils veulent? Listen to the messages on the machine of the Monfils family. Complete the memos and write down each caller's request.

1.

Jour	Heure

Pour le Docteur Monfils

De Monsieur Legros

Tél.

☐ a téléphoné

☐ rappellera

☐ pouvez-vous rappeler

☐ est passé(e) vous voir

☐ désire un rendez-vous

message

Il voudrait un rendez-vous...

2.

Jour 13-8-00	Heure 14 heures

Pour

De

Tél. 04.77.26.48.79

☐ a téléphoné

☐ rappellera

☐ pouvez-vous rappeler

☐ est passé(e) vous voir

☐ désire un rendez-vous

message

Elle voudrait...

3.

Jour 16-11-01	Heure 11h55

Pour

De son...

Tél.

☐ a téléphoné

☐ rappellera

☐ pouvez-vous rappeler

☐ est passé(e) vous voir

☐ désire un rendez-vous

message

Il faut qu'il...

4.

Jour 8.2.01	Heure 10h30

Pour

De Monsieur Martin (Air France)

Tél.

☐ a téléphoné

☐ rappellera

☐ pouvez-vous rappeler

☐ est passé(e) vous voir

☐ désire un rendez-vous

message

Sa valise...

C. Au café. Three students have been passing the time of day in a café when the conversation turns to the subject of animals and how they are treated during summer vacations.

1. What kind of problems and solutions do you think are part of the conversation?

Problems: _____, _____

Solutions: _____, _____

2. Now listen to their conversation and complete the chart with the information from their conversation.

Qui	a des animaux	les emmène en vacances
Charles		

3. Listen again to the conversation and decide if the following statements are true or false.

1.	Marc a vu quelque chose à la télé sur les animaux.	V	F
2.	Des gens sont partis en vacances sans leur chien et le chien en est mort.	V	F
3.	Julie est scandalisée.	V	F
4.	Marc est scandalisé.	V	F
5.	Julie pense que Marc a raison de s'occuper de ses animaux comme il le fait.	V	F
6.	Pour Charles, aimer ses animaux ne veut pas dire les emmener partout où on va.	V	F
7.	Julie voudrait bien avoir des animaux, mais son appartement est trop petit.	V	F
8.	Marc pense que Julie n'est pas très généreuse.	V	F